BAYERISCHE SCHMANKERL FÜRS GANZE JAHR

Bayerische Schmankerl

fürs ganze Jahr

VON PAUL ENGHOFER

SÜDWEST VERLAG MÜNCHEN

Die Rezepte sind für vier Personen gerechnet.
Wenn Rezepte für mehr oder weniger Esser gedacht sind,
so ist es extra angegeben. Für Nichtbayern sei noch
vermerkt, daß ein Pfund 500 Gramm hat.
Wir wissen zwar,
daß diese Mengenangabe nicht mehr modern ist,
aber in Bayern wird sie nicht umzubringen sein.

Zeichnungen von Ernst Hürlimann
Farbbilder von Christian Teubner

2. Auflage 1978 · 11.–25. Tausend

© 1977 by Südwest Verlag GmbH & Co. KG, München
Alle Rechte vorbehalten
ISBN 3 517 00632 7
Schutzumschlag: Manfred Metzger (Foto Teubner)
Rückseite: Foto-Weber, Pfarrkirchen
Gesamtherstellung: Welsermühl, Wels

Inhalt

Liebe Leser!

Damit wir uns gleich von Anfang an richtig verstehen: Dieses Buch hat ein Journalist geschrieben und kein Koch. Zum Kochen bin ich gekommen wie die Jungfrau zum Kind. Die Abendschau-Redaktion des Bayerischen Fernsehens hat mich Ende 1971 »beauftragt«, ein Verhältnis mit der Küche einzugehen und eine Sendung über bodenständige Hausmannskost zu versuchen. Aus dem zunächst g'schlamperten Verhältnis ist die große Liebe und, wie's halt so geht, schließlich die Pflicht geworden. Es entstand die Sendereihe »Abendschau-Schmankerlküche«, und ich bin ziemlich sicher, liebe Leser, daß auch Sie, falls Sie innerhalb der weißblauen Grenzpfähle wohnen, zu meinem Stammpublikum gehören. Dann wissen Sie aber auch, daß in dieser Sendung Hausfrauen, Bäuerinnen, Wirtinnen, Pfarrersköchinnen, Diplom-Küchenmeister und auch raffinierte Hobby-Köche die Schau abziehen und nicht ich. Mein »Verdienst« ist es – neben dem Honorar –, immer wieder die richtigen Leute zu finden und diese mit ihren Schmankerl-Produkten so gut wie möglich in Szene zu setzen.
Meine Zuschauer-Post nahm Ausmaße an, die ich nicht mehr bewältigen konnte. Was lag näher, als die Rezeptwünsche zu veröffentlichen! So kam 1975 die »Bayerische Schmankerlküche« heraus, das Buch zum Film. Heute stelle ich Ihnen mit den »Bayerischen Schmankerln fürs ganze Jahr« praktisch die Fortsetzung davon vor. Diesmal folgt die Kapiteleinteilung dem Jahresablauf und geht von der Überlegung aus, daß »alles zu seiner Zeit« am besten schmeckt und auch am preiswertesten ist. Und wenn Sie das eine oder andere Ihrer Lieblingsgerichte in diesem Buch nicht finden sollten, dann hat es sich ganz gewiß schon sein älterer Bruder, die »Bayerische Schmankerlküche«, einverleibt. Man sollte beide kennen. In diesem Sinne wünsche ich Ihnen ein vergnügliches Lesen und gutes Gelingen.

Pfarrkirchen, im August 1977

Ihr Paul Enghofer

Fleischlos

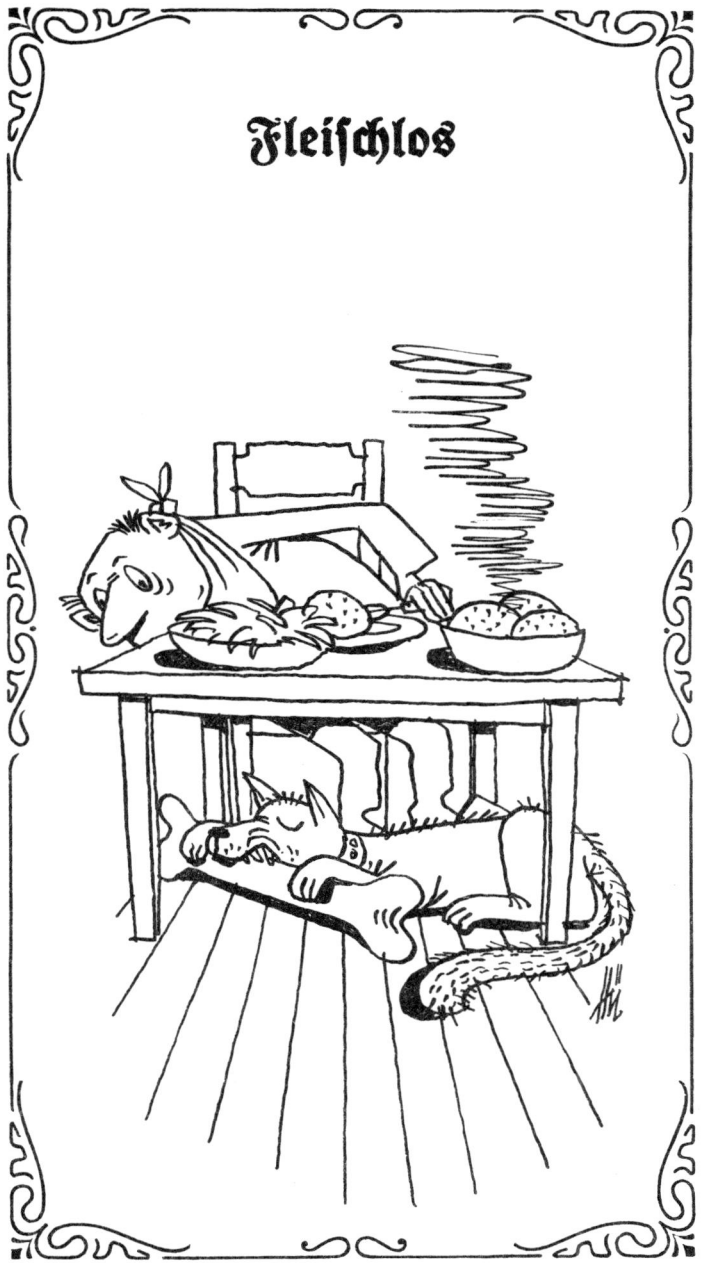

WENN DER WINTERSPECK GEHT

Früher hat's allerweil schon dicke Leut' gegeben, zum Beispiel Pfarrer, Wirtinnen und Bäuerinnen mit über hundertzwanzig Tagwerk, die man sich gar nicht anders hätte vorstellen können als mit einem anständigen Hendlfriedhof. Sie haben schon damals geradezu pflichtgemäß ihren Wohlstandsspeck zur Schau getragen, den wir jetzt (fast) alle haben. Bloß zeigen wollen wir ihn nicht! So ist das Fasten wieder populär geworden.

Keine Zeitung, keine Illustrierte erscheint ohne mehr oder minder wissenschaftlich untermauerte Abmagerungskur, auch Radio und Fernsehen strahlen das Motto aus: Der Speck muß weg! Wenn man heute erfährt, daß es eigentlich gar nicht das Fleisch ist, das fett macht, dann kann man sich bloß wundern über die kirchlichen Fastengebote, die es nur auf die Fleisch»eß«lust abgesehen hatten, den Genuß einer kalorienreichen Mehlspeise aber erlaubten.

Aber, da haben wir's schon. Wer hat denn früher was gewußt von Kalorien und Joules, von Kohlenhydraten und Vitaminen und deren raffiniertem Wechselspiel? Doch eines hat man gewußt und zum Gebot erhoben: »Faste oft!« und »Iß dich dabei nur einmal am Tage satt!« Im katholischen Bayern war, wenn man die Freitage mitzählt, zu einem Drittel des Jahres Fastenzeit. Am längsten nacheinander mußte man sie an den 40 Tagen vor Ostern ein-, beziehungsweise aushalten. Stets folgte nach den »fetten Tagen« die Entwöhnungskur. Daß man dabei aber trotz Verzicht auf Fleisch selbst nicht »vom Fleische fiel«, dafür sorgten gute Köchinnen, die das Fasten geradezu schön machten.

Münchener Gründonnerstags-Suppe

Sie wird auch »Kräutlsuppe« genannt. Unter Kräutl versteht man vor allem frischen Kerbel, und der sollte bei dieser Suppe auch vorherrschen. Zusätzlich kann man, je nach Geschmack und Angebot, Kresse, Petersilie und Schnittlauch, aber auch junge Blätter vom Löwenzahn, Sauerampfer, der Brennessel oder Spinat verwenden. Diese Suppe ist eine richtige Frühjahrs-Vitaminkur.

50 g Butter	*etwas Salz*
2 Eßlöffel Mehl	*2 Eßlöffel süßer Rahm*
100–125 g frische Kräuter	*2 alte Semmeln zum Rösten*
1¼ l Wasser	

Im Suppentopf stellt man aus Butter und Mehl eine weiße Einbrenne her, gibt ein Drittel der feingewiegten Kräuter hinzu und läßt sie kurz dünsten. Dann wird mit dem lauwarmen Wasser aufgegossen, gesalzen und das Ganze einige Minuten gekocht. Erst jetzt kommt der (größere) Rest der Kräuter dazu, der nun nicht mehr kochen, sondern nur noch ziehen darf. Nur so bleibt die grüne Farbe der Kräuter erhalten. Zum Schluß wird mit etwas süßem Rahm abgeschmeckt.
In die Teller gibt man geröstete Semmelwürfel und gießt die Suppe darüber.

Schwäbische Wasserschnalle

ist keine unseriöse alemannische Bad-Masseuse, sondern eine herzhaft schmeckende Suppe. Sie entspricht etwa der altbayerischen »Aufgeschmalzenen Brotsuppe« (Bayerische Schmankerlküche, Seite 18), ist aber einfacher zuzubereiten.

1 gehackte Zwiebel	*¾ l Wasser*
40 g Fett	*Salz, Pfeffer*
Thymian, Majoran, Kümmel	*1 Eßlöffel Butter*
gewürfeltes Hausbrot	

Im Suppentopf röstet man eine gehackte Zwiebel goldbraun, würzt nach Belieben mit Majoran, Thymian und Kümmel und gibt unter Umrühren in Würfel geschnittenes altes Hausbrot hinzu. Dann wird mit heißem Wasser aufgegossen, mit Salz und Pfeffer abgeschmeckt und die Suppe einige Minuten gekocht. Beim Anrichten wird noch ein Löffel Butter in die Suppe gerührt. Wer's kräftiger haben will, nimmt anstelle von Wasser Fleischbrühe her, dann ist's aber nicht mehr die »Original-Wasserschnalle«.

Oberpfälzer Wasserschnalzn

4 Zwiebeln	*Salz, Muskat*
80 g Fett	*Suppenwürze*
1 l Wasser	*Schwarzbrot*

Die Zwiebeln werden in Scheiben geschnitten und in Fett braun angebraten. Dann füllt man mit Wasser oder Fleischbrühe auf und schmeckt mit Salz, Muskat und Suppenwürze ab. Beim Anrichten gibt man noch kleine alte Schwarzbrotschnitten auf die Suppe.

Gebackenes Beschamehl

Aus Niederbayern von 1846

Man kocht von 2 Kochlöffel Mehl, ein Quart süßen Rahm einen dicken Brei, läßt ihn kalt werden und gibt dann 2 Eigelb hinein und den Schnee. Dann schmiert man eine Form mit Butter aus und kocht es im Dunst. Dann stürzt man die Masse und schneidet sie in beliebige Stücke, wendet diese in Eier und Brösel um und backt sie schön gelb aus dem Schmalz. Als Speise nach der Supp mit gebackener Petersilie.

Mehlschöberl

Rottaler Hausrezept

Treibe einen Butter recht pflaumig ab, schlage 4 oder was du brauchst Eyerdötter daran, einen nach den andern, und einen Löffel voll Mehl und dan von den Eyern den Schnee zuletzt. Ein wenig salzen, dan schmier eine Rein mit Schmalz, bestreue sie mit Brösl und backe sie im Rohr.

Ein Rahm-Mus mit Dotter

Aus einem handgeschriebenen Münchener Kochbuch um 1800

Laſſe Butter verſchleichen, thue etwas wenigs Mehl in die Butter, alsdann mit Dotter der Eyer und ſüßem Rahm abgerühret; thue Salz und Muskathenblüthe darein, laſſe es kochen wie gebräuchlich und nehme wohl Butter dazu.

Gebrühte Knödel

8 alte Semmeln	Salz
3 Eier	Backfett
½ l Milch	

Diese Knödel sind ausnahmsweise nicht rund, aber immerhin aus Knödelteig. Sie sind eine Oberpfälzer Spezialität und passen zu Sauerkraut. Zuerst bereitet man aus den geschnittenen Semmeln (Knödelbrot), den ganzen Eiern, der Milch und Salz einen Teig, den man eine Stunde ziehen läßt. Dann streicht man die Masse etwa einen Zentimeter hoch in eine gut gefettete Pfanne, Bratreine oder aufs Blech und bäckt sie auf beiden Seiten goldbraun heraus. Danach läßt man sie auf einem Brett kalt werden. Anschließend schneidet man aus dem gebackenen Teig 5 cm lange, fingerbreite Streifen, die in Salzwasser einige Male aufkochen müssen. Dann nimmt man sie heraus, läßt sie zehn Minuten auskühlen und brät sie in einer Pfanne in heißem Fett ein zweites Mal.

Topfenknödel

15 g Butter	250 g Topfen
2 Eier	100 g Semmelbrösel
Salz	75 g Mehl

Ein Eßlöffel Butter, die Eier und eine Prise Salz rührt man gut durch und gibt den Topfen, die Semmelbrösel und das Mehl dazu. Ist der Topfen sehr naß, mischt man entsprechend mehr Mehl oder Brösel darunter. Nach kurzem Quellen formt man aus der Masse kleine, längliche Knödel, die 10 Minuten in Salzwasser gekocht werden, bis sie schwimmen.

Man siebt sie ab und wälzt sie in Bröseln, die vorher in Butter gebräunt worden sind, streut Zimtzucker darüber und reicht Zwetschgen- oder Apfelmus dazu.

Oberpfälzer Grießkuchen

4 Eier	*Backfett*
150 g Zucker	*1 l Milch*
300 g Grieß	

Mit dem Schneebesen rührt man in einer Schüssel die Eier und den Zucker schaumig, gibt den Grieß dazu und verrührt auch diesen. Dann kommt die Masse in eine gut gefettete Auflaufform oder Bratreine. Bei guter Mittelhitze muß sie im (vorgeheizten) Rohr bei 220 Grad etwa eine Viertelstunde backen. Inzwischen bringt man die Milch zum Kochen, gießt sie über den Grießkuchen und läßt sie einziehen. Sobald die Milch vollkommen eingezogen ist und der Kuchen oben eine braune Kruste bekommt, ist er fertig. Mit der Backschaufel sticht man Würfel heraus und serviert die Stücke heiß in Vanillesoße. Auch Rhabarberkompott paßt gut dazu.
Wer will, kann bei der Zubereitung die Eier trennen, das Eiweiß zu Schnee schlagen und diesen unter den Teig heben. So wird der Kuchen lockerer.

Oberfränkischer Grießkuchen

auch »Grießkung« genannt. Er ist ein bißchen fetter als sein Vetter aus der Oberpfalz.

100 g Butter	*¾ l Milch*
3 Eier	*1 Prise Salz*
100 g Zucker	*1 Päckchen Backpulver*
½ Pfund Grieß	*1 Päckchen Vanillinzucker*

Die Butter wird schaumig gerührt, dann gibt man Eier und Zucker hinzu und rührt mit dem Grieß, ein wenig Milch und einer guten Prise Salz einen dicklichen Teig, in den zuletzt das Backpulver eingesiebt wird. In einer gut eingefetteten Form wird er im Rohr bei Mittelhitze goldbraun gebacken. Wenn

der Kuchen herauskommt, sticht man mit der Gabel gleichmäßig verteilt Löcher in die Oberfläche und übergießt ihn mit
der heißen, mit Vanillinzucker gesüßten Milch. Diese kann
dann am Herdrand noch zehn Minuten in den Kuchen einziehen.

Käse-Flädle

Für die Flädle: 2 Eier
½ *Pfund Mehl*   *150 g geriebener Käse*
2 Eier   *Salz, Edelsüßpaprika*
1 Tasse Milch
Salz   *Zum Guß:*
Backfett   *2 Eier*
                                    ½ *l Milch*
Zur Fülle: *gehackte Petersilie*
½ *Pfund Topfen*

Zuerst bereitet man die Füllung: Topfen, geriebener Käse,
Eier, Salz und Paprika werden gut verrührt. Dann schlägt
man aus Mehl, Milch, Eiern und Salz einen halbflüssigen
Teig, den man in genügend Fett zu gleichmäßigen, dünnen
Flädle (Pfannkuchen) ausbäckt. Nun bestreicht man die
Flädle mit der Füllung, rollt sie ein und legt sie nebeneinander
in eine gefettete, feuerfeste Form. Dann verschlägt man für
den Guß die Milch mit den Eiern und etwas Salz, gießt sie
über die Flädle und bäckt den Auflauf im Rohr eine knappe
Stunde. Zuletzt streut man etwas Petersilie darüber.

Riwanzeln

sind etwa eigroße, in Schmalz herausgebackene Nockerl oder
Bällchen aus Hefeteig. Sie sind offenbar aus Böhmen zu uns
herübergekommen, denn hauptsächlich im Bayerischen
Wald, in der Oberpfalz und in Niederösterreich, also in der
böhmischen Nachbarschaft, sind sie bekannt. Dort findet
man auch heute noch in manchen Haushalten eigene Riwan-
zi-Pfannen, in deren Vertiefungen man diese Bällchen einzeln
herausbacken konnte, ohne daß sie sich berührten. Es geht
aber auch ohne ein solches Spezialgerät, und schmecken tun
sie immer und jedem.

⅛ l Milch	4 Eier
50 g Hefe	1 Prise Salz
300 g Mehl	Backfett
100 g Zucker	Zimtzucker

In einer Tasse Milch wird die eingebröckelte Hefe aufgelöst. Diese Hefemilch schüttet man anschließend in die Schüssel mit dem Mehl und verrührt dazu den Zucker, das Salz und die 4 ganzen Eier. Den gut abgeschlagenen Teig läßt man an einem warmen Ort ½ Stunde gehen. Dann sticht man mit dem Löffel kleine Nockerl oder Bällchen aus dem Teig und brät sie in der Pfanne in heißem Fett auf beiden Seiten goldbraun. Man kann sie auch in Fett schwimmend herausbacken. Anschließend bestreut man sie mit Zimtzucker.

»Alte Waba«

Ein Oberpfälzer Geistlicher Rat hat mich neulich darüber aufgeklärt, warum es in der neuen Gebetsordnung beim Ave Maria nicht mehr »Du bist gebenedeit unter den Weibern« heißt, sondern »unter den Frauen!« Der Grund hat mir eingeleuchtet: »Weil sich die alten Waba beim Papst beschwert ham!« Wer also recht fortschrittsgläubig ist, mag folgendes Gericht demnach ruhig »Alte Frauen« nennen. Es bleiben dennoch »Alte Waba«. So heißen sie in der Oberpfalz und damit punktum.

8 alte Semmeln	4 Eidotter
Bratfett	100 g Zucker
1 l Milch	50 g Weinbeerl

Die Semmeln werden in Scheiben geschnitten und in eine gut gefettete Pfanne geschichtet. Dann werden die Milch, die Dotter und der Zucker mit dem Schneebesen verrührt und über die Semmelscheiben geschüttet. Obendrauf streut man noch Weinbeerl (Sultaninen) und bäckt das Ganze im Rohr bei 220 Grad 25 Minuten lang. Dazu reicht man eingemachtes oder frisches Kompott. Die »Alten Waba« schmecken heiß und kalt!

Weck-Auflauf

In Unterfranken heißen die Semmeln Weck oder Weckli, sogar in der Würzburger Semmelgasse. Vom »Goldenen Faß« dortselbst stammt dieses Rezept:

12–15 altbackene Weck	*4 Eier*
3/4 l Milch	*1/4 Pfund Butter*
6 große Äpfel	*1 Tasse eingeweichte*
Zimt und Zucker	*Weinbeerle*
1/2 Päckchen Vanillepudding	

Die Weck werden in Scheiben kleingeschnitten. Man gibt sie in eine Schüssel und beträufelt sie mit leichtgesüßter Milch, damit das Brot feucht wird. Inzwischen werden die Äpfel geschält, in Achtel geteilt und dabei das Kerngehäuse entfernt. Man schnippselt kleine Scheibchen und mischt die Rosinen, 3 Eßlöffel Zucker und den Zimt darunter. Nun fettet man eine Auflaufform oder einen schweren Tiegel gut mit Butter ein und gibt schichtweise die feuchten Brotscheiben und die Äpfel, wieder Brot und Äpfel hinein. Die letzte Schicht muß Brot sein. Jetzt mischt man in einem Haferl die Eier mit der Milch, Zucker und Vanillinzucker oder 1/2 Päckchen Vanillepuddingpulver, verklopft alles gut und gießt die Masse über den vorbereiteten Auflauf. Man setzt einige Butterflöckchen darauf und bäckt den Auflauf nun etwa eine Dreiviertelstunde bei Mittelhitze. Dazu gibt man entweder eine Vanillesoße, eine Kirschsoße oder eine Weinschaumsoße.

Münchener Wuchteln

1 Pfund Mehl	*3–4 Eier*
20 g Hefe	*etwa 3/8 l Milch*
80 g Butter	*Salz, Zucker*
60–80 g Zucker	*100 g Butter zum Eintauchen*

Hefe, etwas Zucker und Milch setzt man zu einem Dampfel an (es muß 10 Minuten gehen), gibt es in das Mehl und verschlägt es nach dem Gehen mit Milch, den Eiern, Zucker, der weichen Butter und Salz zu einem recht zarten, halbfesten Hefeteig. Man formt daraus ganz kleine Nuderl, die unter einem Tuch in der Wärme gehen müssen. Dann taucht man jede Nudel einzeln in die Butter, setzt sie dicht nebeneinander in eine Reine oder feuerfeste Form, streut Zucker darüber und überbäckt sie im Rohr langsam goldbraun. Diese schön fettglänzenden goldbraunen Nuderln sind ein Hochgenuß!

UNSER TÄGLICHES BROT

Wie man's wohl nie herausbringt, was früher da war, die Henn' oder das Ei, so ist's auch beim Hausbrot. Das »Ura«, ein Überbleibsel vom letzten Brotbacken, ist einfach im Haus. Wenn es nicht da wäre, hätte man keinen Sauerteig und dieses Kapitel bräuchte gar nicht geschrieben werden. Es ist ein Kapitel »in memoriam«: An die alte Unterfaitzhoferin seitwärts vom Rottal – Gott hab sie selig – und an ihre letzten 22 Laib, die sie angerührt, geknetet und gebacken hat.

Bauernbrot

Nie ist mir das Bibelwort »Im Schweiße deines Angesichtes sollst du dein Brot essen« so aufgegangen wie damals beim bloßen Zuschauen. Vierzehn blankgeputzte Pfennigstückl haben s' der Burgl heimlich über Nacht in den Teig gemischt gehabt, und die hat sie beim Kneten wiederfinden müssen. Wieviel da drin sind, hat sie nicht gewußt. Über zwei Stunden lang hat die alte Bäuerin den schweren Teig hergewirkt, und dann hat sie das Geld herausgegeben. Lauter Pfennig mit Mehlpapp-Kruste, aber vierzehn waren's. »So«, hat s' g'sagt, »da habt's es, ös Lumpen!« Dann ist sie zum Umziehen gegangen. Denn sie hat ein trockenes Gwand 'braucht.
Das Brotbacken hat früher fast eine ganze Woche gedauert. Am ersten Tag hat man den Backtrog in die Stube getragen und in der Nähe vom Ofen auf zwei »Fürbänk« (Sitzbänke ohne Lehne) gestellt. Dann wurde das Mehl eingesiebt: ein roggenes, ein rauhweizernes (griffiges, grießiges) und ein

weizernes. Im Winter hat man es dann über Nacht stehen lassen, damit es sich aufwärmt. Am nächsten Tag hat die Bäuerin in der Mitte vom Trog eine Vertiefung ins Mehl gemacht und das »Ura« (zusammengekratzter Teigrest vom letzten Backtag, etwa ein Pfund) hineingebröckelt. Dann sind ein paar Tassen Wasser dazugekommen, und von der Seite her hat man ein paar Handvoll Mehl dazugeschoben. So ist das immer weiter gegangen. Von Tag zu Tag ist der durchsäuerte Teig größer, die benötigte Wassermenge immer mehr und der Mehlhaufen kleiner geworden. In einen Backtrog sind leicht ein Zentner Mehl hineingegangen, und davon einen Teig kneten, das braucht wahrlich Zeit und Kraft. Gewürzt wurde mit Salz, Koriander, Kümmel und Fenchel. Nicht nach der Apothekerwaage, sondern nach'm G'fühl.

Nach dem Kneten hat der Teig seine Ruh' gehabt, bis der Backofen aufgheizt war. Zuerst mit Reisig, dann mit Meterscheitern aus Buchenholz. Ja, meterlange Scheiter! Da kann man sich vorstellen, wie tief so ein Backofen hat sein müssen. Schließlich haben darin gut 20 Laib Brot, jeder an die 5 Pfund, Platz gebraucht. Feuer und Glut haben die Backofensteine aus Ziegeln oder Schamott auf die gewünschte Temperatur gebracht. Auf welche? Die erfahrenen Bäuerinnen haben da nicht mit dem Thermometer gemessen. Sie haben einfach gewußt: Jetzt ist's soweit, daß das Brot weder kaasig (blaß) noch schwarz, sondern »grad richtig« wird.

Inzwischen aber haben aus dem Teig die Laib geformt werden müssen. Obenauf hat man mit der Gabel (auch mit einem Kamm, hab' ich's schon gesehen) ein paar »Verzierungen« eingedrückt. Und den letztn Teigrest hat man wieder aufgehoben für den nächsten Backtag, als »Ura«.

Jetzt zurück zum Backofen: Mit einem Schaber wird die Holzasche aus dem Ofenloch gekratzt und kommt in einen Schuber darunter. Dort kann sie ganz verglühen. Dann reinigt die Bäuerin die heißen Steine mit dem Wisch (Reisigbesen). Den gleichen Platz, auf dem zuvor noch die Scheiter brannten, nehmen jetzt die Teiglaibe ein. Bevor man sie »einschießt« werden sie noch einmal abgewaschen. Das »Schießgewehr« ist eine flache runde Holzschaufel, worauf grad ein

Laib Platz hat. Wenn alles verstaut ist, wird das Ofenloch zugemacht. Zwei Stunden lang hat nun die Bäuerin Angst, ob's was wird. Denn machen kann's' jetzt gar nix mehr. Aber wenn sie dann heraußen sind, die Brotlaib, braun, rösch, ein bißl aufgesprungen, aromatisch duftend nach Holz, dann ist alles ausgestanden. Jetzt braucht man sie bloß noch abwaschen und noch einmal für fünf Minuten in den Ofen schieben. Dann kriegen s' einen schönen Glanz!

Warum ich den letzten Absatz in der Gegenwartsform geschrieben habe? Für die paar Bäuerinnen, die auch heut noch ihr Brot so backen. Ich hol' das meine immer bei der Meisterin in Kelchham.

Schrotbrot

200 g Weizenmehl	2 Teelöffel Salz
200 g Roggenmehl	1 Teelöffel gemahlener
200 g Weizenschrot	Koriander
200 g Roggenschrot	1 Teelöffel ganze Koriander-
100 g Hefe	körner
2–3 Eßlöffel Öl	1 Teelöffel Kümmel
2–3 Eßlöffel Sirup oder	
brauner Zucker	

Die Hefe wird mit dem Sirup oder Zucker und etwas lauwarmem Wasser angesetzt und an die gemischten Mehl- und Schrotsorten gegeben. Man fügt das Öl und die Gewürze hinzu, läßt den Teig langsam gehen und formt zwei dicke runde Laibe. Sie müssen sehr gut gehen und werden dann mit dem Messer kreuzweis eingeschnitten und mit Wasser bestrichen. Man kann noch Kümmel und Koriander darüberstreuen. Dann wird das Brot im vorgeheizten Backofen 80 bis 90 Minuten goldbraun gebacken. Bei diesem Brot ist es wichtig, daß der Teig sehr gut durchgeknetet wird.

Mohnweckerl und Mohnzöpfchen

20 g Hefe	Salz
1/8 l Milch	1 Eidotter
300 g Mehl	Mohn
75 g Butter	

Man bereitet einen Hefeteig, der auf einem Backbrett zu einer langen Wurst ausgerollt und in 12 bis 16 gleichmäßige Stücke geschnitten wird. Jedes Stück formt man zu runden oder länglichen Wecken, drückt diese etwas flach, setzt sie auf ein gefettetes Backblech und läßt sie etwa ½ Stunde gehen. Die Mohnzöpfchen bereitet man aus einer langen Teigrolle. Man schneidet aus ihr kleinere gleichmäßige Stücke und formt diese zu 15 bis 20 cm langen Strängen. Aus drei Strängen wird jeweils ein Zopf geflochten. Weckerl und Zöpfchen werden nach dem Gehen (½ Stunde) mit Eigelb bestrichen, dick mit Mohn bestreut und im vorgeheizten Ofen bei 200 Grad 20 bis 30 Minuten gebacken.

Kräutersemmel

1 Pfund Weizenmehl	*Schweinefett*
30 g Hefe	*1 Ei*
¼ l Milch	*Salz, Pfeffer, Muskat*
etwas Zucker	*3 Eßlöffel frische*
50 g Butter oder	*feingehackte Kräuter*

Die in etwas Milch mit Zucker aufgelöste Hefe wird nach 10 Minuten Gehen in das Mehl gegeben. Man fügt die oben genannten Zutaten hinzu und läßt den gut verkneteten Teig zugedeckt ruhen. Daraus formt man kleine, runde Semmeln, die in Mehl ausgedreht werden, und setzt sie auf ein gefettetes Backblech. Nach dem Gehen (½ Stunde) schneidet man in der Mitte eine Kerbe ein, bestreicht die Semmeln mit verquirltem Eidotter und bäckt sie bei großer Hitze im vorgeheizten Rohr etwa 25 Minuten rösch und braun.

SO EIN SCHMARRN

Holzknechtschmarrn

oder »Alpenländische-Freiluft-Kälteschock-Therapie«

Mehl	*Salz*
Wasser	*Fett*

Es wäre wirklich kein Wunder, wenn da jemand denken würde, aus diesen wenigen Zutaten könne kein gutes Gericht entstehen oder gar ein Schmankerl. Wer es aber einmal auf einer
abgelegenen Jagdhütte oder in einer Holzerhütten (Wald-
arbeiterunterkunft) probiert hat – vielleicht im Winter –, der
ist voll des Lobes und der Bewunderung. Und wenn er dazu
noch ein Zwetschgenmus bekommen hat, dann ist der Gast
geradezu begeistert. Appetit hat er mitgebracht, denn den
Weg zur Hütte hat er ja zu Fuß zurücklegen müssen. Aber
jetzt ist er in der warmen Stube, der Ofen burrt, und los geht's
mit der Kocherei.
Der Koch ist natürlich ein Holzknecht oder ein Jager und hat
eine eigene »Schmarrn-Pfanne«, die noch nie ein anderes Fett
geschmeckt hat als Butter oder Butterschmalz. Sie ist auch
noch nie ausgewaschen worden, und in der Schmarrn-Pfanne
Fleisch zu braten, das wäre eine echte Todsünd.
Bis das Schmalz in der Pfanne heiß ist, rührt der Holzknecht
aus Mehl und warmem Wasser einen strengen Teig zusammen und salzt ihn kräftig. Dieser Teig muß weitaus dickflüs-
siger sein als der übliche Pfannkuchenteig. Der kommt jetzt
zu dem heißen Schmalz in die Pfanne. An Fett darf gar nicht
gespart werden, das ist das A und O fürs gute Gelingen. Denn
dieser »Mehlpapp« (was er zunächst noch ist) saugt narrisch
viel Schmalz an, und anbrennen darf er ja schließlich nicht.
Mit dem Scherrer schaut der Koch nach, ob der Teig unten
schon braun ist, dann wendet er ihn um und gibt, wenn nötig,
vor dem Wenden einen Batzen Fett in die Pfanne und läßt nun
auch die andere Seite anbräunen. Und dann passiert's. Plötz-
lich reißt der Koch ein Fenster oder die Tür auf und hält die
Pfanne in die Kälte hinaus. Nicht lang, aber es reicht, daß es

in der Hütten auf einmal ungemütlich wird. Das ist alpenländische Freiluft-Kälteschock-Therapie sowohl für den Gast als auch für den Schmarrn. Der Teig jedenfalls erschrickt durch diese Behandlung derart, daß er alles mit sich anstellen läßt, sogar zerstechen. Das besorgt jetzt der Koch mit dem Scherrer. Aus dem dicken Pfannkuchen werden jetzt immer kleinere Brocken, die sich auf allen Seiten schön bräunen, jedoch nicht anbrennen dürfen. Aber dagegen gibt's ein Mittel: mit Fett nachhelfen.

Am besten schmeckt der Holzknechtschmarrn, wenn man ihn gleich aus der Pfanne ißt. Ganz G'schleckige belegen den Teig, wenn er noch als Ganzes in der Pfanne ist, mit geviertelten Apfelscheiben, mit gehackten Zwiebeln oder frischen Waldbeeren. Aber dann ist das schon ein »Jager-Schmarrn«. Der echte Holzknechtschmarrn besteht nur aus Mehl, Wasser, Salz und Fett.

Kaiserschmarrn

Der ist natürlich weitaus nobler als der Jager-Schmarrn, denn schließlich ist er ja eine Majestät. Was die Zutaten und die Machart betrifft, kann man diesem Mehlspeis-Gedicht jedenfalls die Anerkennung nicht versagen. Man braucht:

½ Pfund Mehl	Salz, Zucker
8 Eier	Backfett
gut ¼ l Milch	Weinbeerl
1 Stamperl Rum	

Das gesiebte Mehl wird nach und nach mit den Eidottern und der Milch verrührt, gesalzen und nach Belieben gezuckert. Zum Schluß gießt man noch den Rum darüber und läßt den Teig eine halbe Stunde ruhen. Kurz vor dem Backen wird der steife Eischnee daruntergezogen. Die schaumige Masse wird in der Stielpfanne bei mäßiger Hitze in Butter so lange gebraten, bis die Unterseite braun ist (etwa 3 Minuten bei einer Teighöhe von gut 1 cm). Dann wird die andere Seite angebraten, das Ganze mit der Gabel in Stücke gerissen, so viel Butter dazugegeben, daß nichts anbrennt und der Schmarrn rasch fertiggebacken. Man überzuckert ihn bei Tisch und streut aufgeweichte Weinbeerl darüber. Man kann letztere aber auch gleich in den Teig geben.

Der Name soll nach österreichischer Version daher kommen, daß dieser Schmarrn Kaiser Franz Joseph I. besonders gut geschmeckt habe. Die Bayern sagen, dies sei ein Schmarrn, denn das Wort »Kaiser« leite sich vom »Kaser« auf der Almhütte ab. Ganz gleich, wer recht hat, es bleibt ein herrlicher Schmarrn.

Semmelschmarrn

7–8 altbackene Semmeln   *Rosinen*
2–3 Eier   *etwas Zitronenschale*
2–3 Eßlöffel Mehl   *Backfett*
2–3 Eßlöffel Zucker

Die Semmeln werden aufgeschnitten, mit heißer Milch gebrüht und mit den Eiern, Mehl, Zucker, Zitronenschale und den Rosinen vermengt. Man gibt die Masse nun in eine Pfanne mit heißem Fett und macht einen Schmarrn daraus, indem man den Teig so lange zerkleinert und wendet, bis er braunbröselig ist.

Kartoffelschmarrn

3 Pfund Kartoffeln   *Salz*
¹/₂ Pfund Mehl   *Backfett*

Die am Tag vorher gekochten und ausgekühlten Kartoffeln werden geschält und mit dem Reibeisen gerieben. Keinesfalls darf man sie durch die Kartoffelpresse drücken oder gar durch den Fleischwolf drehen, denn die Kartoffelmasse muß sehr locker sein, damit sie sich mit dem gesiebten Mehl von Hand gut durchmischen läßt. Man röstet den Schmarrn in der Stielpfanne partienweise in reichlich Fett, das sehr heiß sein muß und zerbröckelt ihn mit dem Backschäuferl.

Aus 'm Waſſer

DIE DÜMMSTEN FISCH' SIND DIE FORELLEN

Da können Sie jeden Angler fragen, daß das stimmt. Die gehen sogar an die Angel, wenn gar kein Wurm dran ist. Was man ins Wasser wirft, darauf schießen sie zu. Die Forellen sind heute unsere beliebtesten Süßwasserfische, weil sie gut schmecken und nicht so viele Gräten haben. Sie lassen sich auch züchten, ja die meisten Forellen kommen heute aus Zuchtanstalten und aus Bauernweihern. Da sie aber nur »Zimmer mit f.f.fließendem kalten Wasser« bevorzugen, halten sie sich da nur, wenn ein sauberes Bacherl zu- und abläuft. Am schmackhaftesten sind die Gebirgsbachforellen, und wer sie kriegt, soll froh sein. Frischgeschlachtete Forellen, die sofort verarbeitet werden, reißen im Sud auf. Dieser vermeintliche Schönheitsfehler ist eigentlich ein Gütezeichen. Er beweist, daß der Fisch vor längstens drei Stunden noch gelebt hat.

Die Fische bilden einen großen Bestandteil der bayerischen Fastenküche. Ihre Bedeutung zeigt sich schon darin, daß es landauf, landab sogar Königsfischen gibt, wobei aber keine Könige gefangen werden, sondern Hechte, Rotäugerl, Zander, Schleie, alte Schuhe und was sich sonst noch erwischen läßt.

Forellen in Riesling-Rahmsoße

4 Portionsforellen	*½ l Weißwein*
(zu je 250–300 g)	*2 Zitronen*
Saft von ½ Zitrone	*1 Eßlöffel Kartoffelstärke-*
Salz	*mehl*
Zum Sud:	*Zur Legierung:*
2 l Wasser	*4 Eidotter in ¼ l süßem Rahm*
4 Zwiebeln	

Die Prozedur beginnt mit den drei klassischen »S« in der Fischküche: »Säubern, säuern, salzen«. Die frischgeschlachteten Forellen werden sogleich ausgenommen, gewaschen, dann außen und innen mit Zitronensaft beträufelt und gesalzen. Jetzt läßt man sie ziehen, bis der Sud kocht. In den Tiegel kommen 2 l Wasser, 4 geviertelte Zwiebeln und 1/2 l nicht zu herber Rieslingwein. Sobald der Sud heiß zu werden beginnt, gibt man den Saft der beiden Zitronen dazu und wenn alles kocht, legt man die Fische hinein. Sie sollen im Sud gut aufkochen. Dann nimmt man die Hitze weg und läßt die Forellen zugedeckt 10 Minuten ziehen. Die fertigen Fische werden auf eine vorgewärmte Platte gelegt und warm gestellt. Jetzt geht's weiter mit dem Sud: Man nimmt die Zwiebeln heraus und erhitzt die Flüssigkeit so lange, bis sie etwas eingekocht ist. Dieser reduzierte Sud wird mit einer halben Tasse Wasser, in der ein Eßlöffel Kartoffelstärkemehl verrührt wurde, gebunden. Das Ganze wird unter Rühren gut durchgekocht. Dabei bleibt aber leicht so viel Zeit, um die Legierung vorzubereiten. In einer Tasse werden 4 Eidotter mit Rahm verkläppert, dann rührt man auch dieses in den Tiegel. Dabei muß die Hitze zurückgeschaltet werden, da die Gefahr des Gerinnens besteht. Mit der so gewonnenen Soße werden nun die Forellen überzogen. Dazu reicht man Petersilkartoffeln und Salate der Saison.

Forellen in Weißwein

4 Portionsforellen	1/4 l Weißwein
Salz	Pfeffer
1 Zwiebel	1 Teelöffel Stärkemehl
1/4 Pfund Champignons	1 Spritzer Zitronensaft
50 g Butter	1 Prise Zucker

Die Forellen werden gesalzen und einstweilen beiseite gelegt. Dann dünstet man im Topf feingehackte Zwiebeln und blättrig geschnittene Champignons in Butter an, übergießt sie mit dem Weißwein und schmeckt mit Salz und Pfeffer kräftig ab. Jetzt kommen die Forellen hinzu. Das Ganze läßt man bei geschlossenem Topf 20 Minuten dünsten. Danach nimmt man die Forellen heraus und hält sie auf der Anrichteplatte warm. Inzwischen bindet man die Soße mit Stärkemehl, schmeckt sie mit Zitronensaft und Zucker ab und gießt sie anschließend über die Fische.

Forellenschnitten in Rotwein

1½ Pfund Forellen	*¼ l Rotwein*
Salz, Pfeffer	*Fischgewürz*
100 g Butter	*100 g Walnußkerne*

Hierzu eignen sich auch größere Forellen. Man schneidet sie in ungefähr 3 cm lange Stücke, reibt sie mit Salz und Pfeffer ein und brät sie in Butter auf beiden Seiten an. Dann nimmt man sie heraus und stellt sie warm. Der Bratenfond wird mit Rotwein aufgegossen und pikant abgeschmeckt. Dann kommen die Forellen wieder hinzu. Man bestreut sie mit geriebenen Walnüssen und läßt das Ganze zugedeckt eine Viertelstunde dünsten.

Forellen im Blätterteig

4 Portionsforellen	*8 Scheiben Räucherspeck*
1 Zitrone	*1 Pfund frischer Blattspinat*
tiefgekühlter Blätterteig	*1 Eidotter*

Die obigen Zutaten sind für 4 Fische berechnet. Zum leichteren Verständnis soll hier die Zubereitung einer Forelle geschildert werden: Kopf, Schwanz und Flossen werden abgeschnitten, das Rückgrat entfernt. Dann säuert man das Filet innen und außen lediglich mit Zitronensaft. Es wird dann so viel Blätterteig dünn ausgerollt, daß man die Forelle mit den Zutaten darin gut einschlagen kann. Zuerst kommt auf den Blätterteig eine dünne Scheibe geräuchertes Wammerl in der Größe des Fisches, dann die Forelle; darauf verstreicht man ein Viertelpfund grobgehackten frischen Spinat, legt wieder eine Speckscheibe darauf, schlägt den restlichen Teig darüber und klebt ihn mit Eiweiß an. Damit das fertige Gericht gefällig aussieht, werden überstehende Teigflecke weggeschnitten, so daß die Fischform erhalten bleibt. Zum Schluß werden mit der Gabel noch ein paar Löcher in die Teigoberfläche gestochen, damit der Dampf entweichen kann. Das so vorbereitete Filet im Blätterteigmantel wird auf ein nasses Blech gelegt, mit Eigelb überpinselt und bei etwa 220 Grad eine knappe Viertelstunde im Rohr gebacken.

Schleie in Speckwürfeln

4 Schleien	*Zur Soße:*
	125 g Speck
Zum Sud:	*3 Scheiben Weißbrot*
1 l Wasser	*2 Zwiebeln*
2 Teelöffel Salz	*1/4 l Fischsud*
1 ganze Zwiebel	*etwas Zucker*
1/2 Teelöffel Pfeffer	*200 g Butter*
1 Lorbeerblatt	*200 g Mehl*
3 Eßlöffel Essig	
1 Teelöffel Butter	

In dem Sud läßt man die gesäuberten Schleien 15 bis 20 Minuten ziehen und stellt sie anschließend auf einer Platte warm. Dann schneidet man Speck und Weißbrot in Würfel, die Zwiebel in Ringe. Den Speck brät man in der Pfanne langsam aus und röstet die Zwiebelringe und Brotwürfel hellbraun mit. Aus Butter, Mehl, Fischsud und Zucker bereitet man eine helle Soße. Damit überzieht man die angerichteten Fische und verteilt darauf noch den Inhalt der Pfanne. Dazu gibt es Salzkartoffeln und ein Glas Frankenwein, denn der Fisch muß schwimmen!

Chiemsee-Renken mit Nußsoße

4 Renken	*Zur Soße:*
2 l Wasser	*1/4 l Rahm*
1 Eßlöffel Salz	*2 Eßlöffel Haselnüsse*
Saft von 1/2 Zitrone	*1 Eßlöffel geriebener Kren*
1/8 l Essig	*1 Prise Salz*
3 Sträußchen	*1/2 Teelöffel Zucker*
Petersilie	*1 Messerspitze Muskat*

Die sauber geputzten Renken werden in Salzwasser mit Essig, Zitronensaft (eventuell einigen Zwiebelscheiben) und viel Petersilkraut (es schadet auch nicht, wenn ein paar kleine Wurzeln dran sind) vorsichtig gekocht, aus dem Sud genommen und auf einer heißen Platte warmgestellt. Dann schlägt man den Rahm steif, gibt die gerösteten und dann feingeriebenen Haselnüsse, den frischgeriebenen Kren, ein wenig Salz und Zucker sowie eine winzige Prise Muskat daran. Diese halbdicke Soße ergänzt den Fisch großartig.

Zanderfilet »Mainfischer«

Pro Person 200 g Filet
Zitronensaft
Salz, Pfeffer
Mehl, Butter
Sauerrahmsoße

etwas Räucherspeck in
Würfeln
Rotwein
Zwiebel, Petersilie

Das Filet wird mit Zitronensaft gesäuert und mit Salz und Pfeffer gewürzt. Dann wendet man es in Mehl und brät es bei mäßiger Hitze in Butter an. Aus einer dunklen Einbrenne zieht man eine Sauerrahmsoße, die mit angebratenen Speckwürfeln und gehackter Zwiebel verfeinert und mit einem Schuß Rotwein abgelöscht wird. Der gebratene Fisch wird auf einem Teller angerichtet und mit der Soße überzogen. Oben drauf kommt eine rösch angebratene, mit gehackter Petersilie überstreute, dünne Räucherspeckscheibe. Dazu gibt es Salzkartoffeln und Kopfsalat.

Gebackene Meefischli

Sie könnten auch Maa-Fischli oder Moo-Fischli heißen, je nachdem wo man gerade ist und ißt. Gemeint sind kleine Weißfische aus dem Main und dessen Nebengewässern. Es sind das Köderfischlein, die nur drei bis vier Zentimeter lang sind und zu Hunderten, ja Tausenden gefangen werden. Man ißt sie mit »Haut und Haar«, das heißt mit Kopf und Schwanz; mit dem Ausnehmen gibt man sich erst gar nicht ab. Denn wenn man sie über Nacht ohne Futter in klarem Wasser schwimmen läßt, reinigen sie sich von selbst.

Pro Person 20–30 Fischli
Zitronensaft, Mehl

Pfannkuchenteig mit Bier
Backfett

Die Fischli werden gewaschen, mit Zitronensaft gesäuert und mit Mehl bestäubt. Dann badet man sie in einem dicklichen Pfannkuchenteig, den man anstelle von Wasser oder Milch mit dunklem Bier angemacht hat. Sie werden in Fett schwimmend herausgebacken. Man ißt sie mit den Händen. Zum Verspeisen des Kartoffelsalats, der ausgezeichnet dazu paßt, empfiehlt sich allerdings die Verwendung einer Gabel.

28

Fischkoteletts in Eierweinsoße

1 Edelfisch, ca. 3 Pfund	⅛ l süßer Rahm
je 1 Prise Salz und weißer	⅛ l Weißwein
Pfeffer	1 Prise Salz
geriebene Schale von	1 Eßlöffel gehackte Petersilie
½ Zitrone	
	1 geraspelter Apfel
Zur Soße:	50 g Semmelbrösel
3 getrennte Eier	

Von einem etwa dreipfündigen, nicht grätenreichen Fisch
(Hecht, Zander, Karpfen) schneidet man aus dem Mittelteil
etwa 3 cm breite Stücke ab und würzt sie mit Salz, weißem
Pfeffer und geriebener Zitronenschale. Für die Soße werden
von 3 Eiern Dotter und Eiweiß getrennt und das Eiweiß zu
Schnee geschlagen. Die Dotter verkläppert man in einem tiefen Suppenteller mit dem Weißwein, verrührt darin noch den
Rahm und hebt den Eischnee darunter. Gewürzt wird lediglich mit Salz und einem gehäuften Eßlöffel sehr fein gewiegter
Petersilie. Nun gibt man die Fischkoteletts nebeneinander in
eine feuerfeste Form, zieht die Soße darüber und gart das Gericht im Rohr fast fertig. Dann wird es mit einem Gemisch aus
geraspeltem Apfel und Semmelbröseln überstreut und
kommt dann noch einmal eine Minute ins Rohr.
Man kann diese Hechtkoteletts ohne Zutaten als Vorspeise,
sozusagen als »kleinen Happen« servieren. Man kann sie aber
auch mit Petersilkartoffeln und grünem Salat zum Hauptge-
richt erheben.

Fisch-Auflauf

2 Pfund Fischfilet	Salz, Pfeffer
50 g Butter	⅛ l Frankenwein
150 g Zwiebeln	4 Eßlöffel Mehlwasser
3 Knoblauchzehen	3 getrennte Eier
1 Eßlöffel Schnittlauch	50 g geriebener Käse
1 Eßlöffel Petersilie	50 g Butterflocken

Die Filets von grätenfreien Fischen (auch Seefische sind zu
empfehlen) werden gewaschen und in Wasser abgekocht.
Dann läßt man in einem Tiegel Zwiebelwürfel in Butter glasig

schwitzen, nimmt das gekochte Fischfleisch aus dem Sud, läßt es abtropfen und gibt es zu den angedünsteten Zwiebeln. Dazu kommen noch feingewiegte Knoblauchzehen, Schnittlauch und Petersilgrün. Abgeschmeckt wird mit Salz, Pfeffer und einem guten Schuß herbem Frankenwein. Dann zerdrückt man das Fischfleisch mit dem Kochlöffel und läßt noch etwas Mehlwasser mit einziehen, so daß alles zusammen eine zähe Masse ergibt. Jetzt nimmt man den Topf vom Feuer und läßt den Inhalt erkalten. Daraufhin schlägt man 3 Eier auf und trennt Dotter und Eiweiß. Zuerst werden die Dotter nach und nach unter den Fisch gehoben, anschließend zieht man vorsichtig das steifgeschlagene Eiweiß unter die Masse. Sie wird in eine feuerfeste Form gegeben, mit geriebenem Käse (Parmesan, Emmentaler) und Butterflöckchen bestreut und im Rohr überbacken. Dazu schmecken Salzkartoffeln und Feldsalat.

Stockfisch

3 Pfund Fischfilet	*2–3 Semmeln*
Suppengrün	*60 g Butter*
mit ½ gelben Rübe	*Salz, Pfeffer*
200 g geräuchertes Wammerl	*Fischgewürz*
4 Zwiebeln	

Der Stockfisch stammt aus den skandinavischen Gewässern. Er ist ein Dorsch, gehört zur Familie der Schellfische und wird bis zu 1,50 Meter lang und einen Zentner schwer. Er ist der erste Seefisch, den die bayerische Küche kennt, allerdings schon seit weit über hundert Jahren. Stockfisch heißt er deshalb, weil er an den norwegischen Klippen, an Stöcken aufgehängt, getrocknet wird (Klippfisch). Gesalzen und getrocknet kommt er auch zu uns. Man muß ihn tagelang wässern, ehe man ihn hernehmen kann. Das besorgen jetzt aber meist schon die Fischhandlungen.
Der gewässerte Fisch wird eine Viertelstunde in Wasser mit Suppengrün und etwas Fischgewürz leise ziehend gekocht. Inzwischen dünstet man feingehackte Zwiebeln glasig, röstet das in kleine Würfel geschnittene geräucherte Wammerl an, ebenso in einer anderen Pfanne das kleingewürfelte Weiß-

brot. Nun schichtet man die so vorbereiteten Zutaten nacheinander in eine feuerfeste Form, und zwar in folgender Reihenfolge: Wammerl, Zwiebeln, Fisch, Brot. Insgesamt macht man jeweils zwei Lagen. Obenauf kommen Brotwürfel. Gewürzt wird mit Salz und Pfeffer. Das Gericht läßt man zugedeckt bei guter Mittelhitze eine Viertelstunde garen, wobei man gelegentlich mit Fischsud (1 Tasse genügt) aufgießen muß.

Fischwürste

sehen aus wie »G'schwollne« (Wollwürste). Um sie in die typische Form zu bringen, muß man den fertigen Teig durch ein Stück Darm (beim Metzger besorgen) oder ein passendes Rohr drücken. Man kann sich die Sache aber sehr vereinfachen, indem man die Masse zu Pf(l)anzeln formt. Das gibt dann Fischpf(l)anzel. Egal, wie das Endprodukt aussieht: das Praktische an diesem Gericht ist, daß man grätenreiche Weißfische (Aiterl, Rotaugen, Nasen) verwenden kann, die ausgezeichnet schmecken.

2 Pfund Fischfleisch	*1 Messerspitze Muskat*
35 g Salz	*1 Ei*
½ Teelöffel Pfeffer	*1 Eßlöffel Mehl*
Schale einer ½ Zitrone	*1 Sträußl feingehackte*
(gerieben)	*Petersilie*
1 Messerspitze Ingwer	*½–¾ l Milch*

Von den geschuppten Fischen entfernt man die Köpfe, die Flossen, die Schwänze und das Rückgrat und dreht das Fleisch zweimal durch die feine Scheibe des Wolfes. Noch besser ist es, die Fische in einem Mixer zu zerkleinern oder in einer Haushaltsmaschine mit Rührwerk. Denn bei diesem Fischgericht kommt es sehr darauf an, daß ein feines, bindiges Brät entsteht. Es wird gewürzt, ein Ei daruntergearbeitet und so viel Milch dazugegossen, wie der Teig verträgt, damit man ihn gut formen kann. An feingehacktem Petersilgrün sollte man nicht sparen. In die gut vermischte Masse rührt man zum Schluß noch etwas Mehl ein. Will man Fischpf(l)anzel machen, verfährt man bei der Weiterverarbeitung wie bei

Fleischpf(l)anzeln, also in heißem Fett beiderseits schön braun herausbraten. Fischwürste aber kommen erst eine Viertelstunde in Salzwasser, worin sie ziehen (nicht kochen) müssen, bevor man sie in der Pfanne, wie »G'schwollne«, bräunt. Dazu schmeckt Kartoffelsalat.

Froschschenkel in der Pfanne

Froschschenkel kommen heute aus Zuchtanstalten in den Handel, meist tiefgefroren. Sie sind, wie Krebse und Weinbergschnecken, gute alte Bekannte in der bayerischen Küche und kein modischer Schnickschnack. Im Feinschmeckerlokal »Neue Post« in Bießenhofen (Allgäu) werden sie folgendermaßen zubereitet:

10 Froschschenkelpaare
etwas Worcestershire-Soße
Saft von ½ Zitrone
1 Teelöffel Mehl
Butter
Salz, Pfeffer
1 Eßlöffel gehackte Zwiebel

1 Teelöffel gewiegter
Knoblauch
Mark von 1 Tomate
1 Teelöffel Kapern
1 Eßlöffel gehackte
Petersilie
2 Eßlöffel feinblättrig
geschnittene Champignons

Die frischen oder aufgetauten Froschschenkel werden auf einem Teller mit Zitronensaft und etwas Worcestershire-Soße beträufelt, auf beiden Seiten gemehlt und dann in einer Pfanne mit heißer Butter nebeneinandergelegt. Dann kommen nach und nach die obengenannten Zutaten in der aufgeführten Reihenfolge dazu. Man wendet die Froschschenkel während des Bratens einige Male, dabei werden auch die Zutaten gut verrührt. In sieben Minuten ist das Gericht fertig, das gleich in der Pfanne serviert wird.

Froschschenkel in Essig und Öl

10 Froschschenkelpaare
Saft von ½ Zitrone
40 g Butter

Für die Soße:
Essig, Öl, Wasser

Salz, Pfeffer
1 Ei
1 Eßlöffel Kapern
1 Essiggurke
reichlich Kräuter

Schwäbische Wasserschnalle, Rezept Seite 9 ▷

Die sauber geputzten Froschschenkel werden gesalzen und mit Zitronensaft gesäuert. Man läßt dies ein wenig einziehen, dann bäckt man sie unter zweimaligem Wenden rasch in Butter heraus. Die Soße wird zunächst zubereitet wie beim Wurstsalat. Sie besteht aus Essig und Öl, Wasser, Salz und Pfeffer. Hinzu kommen hier aber noch ein gekochtes, feingehacktes Ei, halbierte Kapern, eine gehackte Essiggurke und feingewiegte Kräuter der Saison.

Krebse in Dillsoße

In Bayern gab es sehr viel Krebse, so daß sie beinahe zur Volksnahrung geworden waren. Aber dann kam zu Anfang dieses Jahrhunderts die große Krebspest und hat den Bestand fast völlig dezimiert. Heute sind die Krebse zu einer zwar sehr begehrten, aber teuren Delikatesse geworden. Trotzdem gibt es immer noch in Weihern oder Abzugsgräben diese Viecher mit dem eingebauten Rückwärtsgang. Experten wissen schon wo, aber sie verraten's nicht.

15–20 Krebse	*½ l Kochwasser*
Salzwasser	*⅛ l Milch*
Kümmel, Suppengrün	*Salz, Muskat*
	1 Spritzer Zitronensaft
Zur Soße:	*1 winzige Prise Zucker*
30 g Butter	*1 Eßlöffel feingehackter*
50 g Mehl	*frischer oder trockener Dill*

Die lebenden, sich lebhaft bewegenden Krebse werden beiderseits des Rückens angefaßt, damit sie nicht zwicken können, und vorsichtig mit einer weichen Bürste vom Schmutz befreit, falls sich zwischen den Füßen etwas Schlamm befinden sollte. Dann wirft man sie, einen nach dem andern, in stark sprudelndes Salzwasser, in das man etwas Kümmel und Suppengrün gegeben hat. Die Tiere sind sofort tot. Man deckt zu, damit das Wasser weiterkocht. Nach etwa 25 Minuten sind die Krebse rot und werden herausgenommen. Man zieht die Schwänzchen ab, öffnet die Scheren und nimmt das Fleisch heraus.
Für die Soße bereitet man aus Butter und Mehl eine weiße

Einbrenne, die man mit einem halben Liter des Kochwassers und Milch aufgießt. Abgeschmeckt wird mit Salz, Muskat, Zitronensaft, einer winzigen Prise Zucker und reichlich Dill. Der Dill darf nicht kochen, sonst bleibt er nicht grün.

Aal grün in Dillsoße

Mit dem »Schlangenfisch« umzugehen, ist gar nicht so einfach. Ich habe es selbst gesehen, wie bereits portionierte Aalstücke aus der Pfanne gesprungen sind. Das passiert nicht, wenn man den (frischen) Aal einmal in der Tiefkühltruhe durchfrosten läßt und ihn dann wieder auftaut.

Nachdem es »Aal grün« gibt, müssen wir die Haut ablösen. Man schneidet sie um den Kopf herum ein, biegt sie um und zieht sie mit einem kräftigen Ruck der Länge nach ab. Dann schneidet man den Aal in fingerlange Portionsstücke. Schwanz und Kopf kommen weg.

4 Aale (1½–2 Pfund)	*Zur Dillsoße:*
	40 g Mehl
Zum Sud:	*40 g Butter*
1½ l Wasser	*¼–½ l Flüssigkeit*
6 Eßlöffel Essig	*(Salzwasser)*
1 Sträußl Petersil	*2–3 Eßlöffel Milch*
1 Messerspitze Salbei	*Salz, Zitronensaft*
Salz	*2 Eßlöffel Dill*
1 Stück Lorbeerblatt	*Frankenwein*

Die Aale dürfen im Sud nur ziehen, nicht kochen. Danach stellt man sie auf einer Platte warm.

Für die Soße macht man eine helle Einbrenne, gibt etwas Wasser und Milch dazu und läßt das Ganze leicht aufkochen. Wenn die Soße anfängt dicklich zu werden, gießt man immer wieder mit Fischsud nach. Gewürzt wird mit Salz und Zitronensaft; erst zum Schluß gibt man den Dill hinein sowie einen Schuß Frankenwein. Wer will, kann die Soße noch mit einer Eidotter legieren.

Die grünen Feiertag

JETZT LEGEN D'HENNER FLEISSIG

April, Mai und manchmal auch noch Anfang Juni, in diese drei Monate fallen diejenigen Festtage, an denen man ins Grüne geht oder fährt – wenn's nicht regnet. Die Ausführungen solcher Reisen treffen nicht immer den Wortsinn. Den Osterspaziergang kann man noch hingehen lassen, aber zu Pfingsten macht man einen Aus»flug«, obwohl man meistens auf dem Boden bleibt. Christi Himmel»fahrt« aber war im Original sicher ein Flug ins Blaue. Die heutigen christlichen Familienväter, die nicht so hoch hinauf können, kehren dafür von ihren Ausflügen ins Grüne an diesem Tag meistens blau zurück.

Damit haben wir bereits zwei Grundfarben gestreift, die in diese Zeit hineinpassen. Hinzu gesellt sich jetzt noch das »rote Oar«, das von der Henne weiß oder bräunlich gelegt, vom Osterhasen aber angestrichen wird. Die Oardotter sind jetzt besonders kräftig gelb, fast schon orange. Die Henner, die (noch!) frei laufen dürfen, wissen ganz genau, was sie aufpicken müssen, um ihre Produkte bestens zu vermarkten. Und weil die Henner so fleißig legen, sind die Eier jetzt billiger und die Köchinnen williger, daraus besonders feine Speisen auf den Tisch zu bringen. Bloß das Hennermensch vom Bauern z'Taubengrub hat das Problem der freien Marktwirtschaft auf ihre Weise ausgelegt. »D'Henner«, hat s' sinniert, »sand doch saudumme Viecher. Da, wenn d' Oar billig sand, da legens fleißig; aber dann im Winter, wenn s' was kosten, da legens net!«

Ostereier im Wurzelsud

Schneeweiße Eier kriegen eine schöne rotbraune Farbe, wenn man sie in Wasser, Essig und Zwiebelschalen hartkocht. Rot, grün oder blau kann man sie allerdings mit dieser Methode nicht färben. Dafür ist unser Rotbraun eine »g'sunde Farb«; sie geht auch nur an die Eischale und nicht durch sie hindurch aufs Weiße. Durchs ganze Ei hindurch aber dringt der Wurzelsud dieses Rezeptes, und beim Abschälen meint man, die Henne habe ihr Produkt in die Gewürzschublade eines Kramers gelegt. Dazu eine frische Halbe, einen guten Weißwurstsenf, Radieserl und ein paar rösche Brezen. Frohe Ostern!

Zum Färben:
30 Eier
3 l Wasser
⅛ l Essig
Schalen von 10 Zwiebeln

Zum Wurzelsud:
3 l Wasser
⅛ l Essig
1½ Pfund Zwiebeln
300 g gelbe Rüben
200 g Porree

200 g Sellerie
1 Sträußl Petersile
1 Büschel grüner Dill
100 g Salz
2 Eßlöffel Zucker
15 Wacholderbeeren
2 Pfefferschoten
8 Lorbeerblätter
5 Nelken
1 Eßlöffel Pfefferkörner
1 Eßlöffel Senfkörner

Die äußeren, schon trockenen Zwiebelschalen (sie brauchen nicht von roten Zwiebeln zu sein!) kommen mit dem Essig bereits ins kalte Wasser, damit der natürliche Farbstoff gut ausgelaugt wird. Dann werden die Eier 10 Minuten gekocht und anschließend abgeschreckt, damit sie sich später leicht abschälen lassen.

Der Wurzelsud muß eine halbe Stunde kochen. In ihm sind alle oben angegebenen Zutaten vereint. Dabei sind die Zwiebeln in Scheiben geschnitten, ebenso die gelben Rüben. Vom Sellerie nimmt man nur die Knolle, die gewürfelt wird. Petersilie und Dill brauchen nicht gehackt zu werden. Man gibt sie als kleine Sträußl in den Sud. Die Porreestangen werden in zentimeterlange Stücke geschnitten.

Bevor man die abgeschreckten Eier in ein geeignetes Gefäß einlegt, werden die Schalen leicht angeknickt, damit der Wurzelsud einziehen kann, der kalt und vollständig (also mit allen Zutaten) zugegossen wird. Die Eier sind nach 24 Stunden durchgewürzt, aber im Sud wochenlang haltbar. Der Chef vom Berghotel Bauer in Tröstau im Fichtelgebirge präsentiert sie seinen Gästen in einem umfunktionierten Goldfischglas. Da halten sie sich natürlich nicht so lange. Denn jeder fischt sich gleich eins raus!

Grüne Eier

8 hartgekochte Eier	Grünzeug
4 rohe ganze Eier	Salz, Pfeffer
2 mal 3 Eßlöffel saurer Rahm	1 Eßlöffel Mehl
2 mal 3 Eßlöffel gehacktes	Butter für die Form

Von acht hartgekochten Eiern werden die Dotter herausgenommen und in einer Schale mit der Gabel zerdrückt. Dann gießt man drei Eßlöffel sauren Rahm darüber, salzt und pfeffert nach Geschmack (wie man etwa acht Frühstückseier würzen würde) und verrührt das Ganze zu einem Brei. Nun kommt die Hälfte des kleingehackten Grünzeugs hinzu. Hier gibt es keine Vorschrift in »Was« oder »Wieviel«; man nimmt eben das erste, frische Frühjahrsgrün her, das sich anbietet: Schnittlauch, Kresse, Zwiebelröhrl, Brennessel.
Mein Vorschlag: Drei Eßlöffel Grün zum Gelb der Dotter. Diese Mischung gibt man jetzt in eine gut ausgebutterte, feuerfeste Form und bestreut sie mit dem kleingehackten Eiweiß. Das ist sozusagen der Unterbau unseres Gerichtes. Jetzt verquirlt man drei Eier mit drei Eßlöffel saurem Rahm, dem Rest des Grünzeugs, einem Eßlöffel Mehl und je einer Prise Salz und Pfeffer. Damit wird das gehackte Eiweiß übergossen. Nun kommt die Form bei 220 Grad eine Viertelstunde ins Rohr, bis alles Flüssige »gestockt« ist.
Zu dieser Eierspeise schmeckt besonders gut rohes Sauerkraut.

Zwiebel-Eier

2–3 große Zwiebeln	etwas Milch
5–6 Eier	60–80 g kleingewürfelter
Salz, Pfeffer	Emmentaler

Die geschälten Zwiebeln werden fein aufgeschnitten und in wenig Butter gebräunt. Man würzt mit Salz und Pfeffer und gibt die aufgeschlagenen, mit der Milch und dem kleingewürfelten Käse gemischten Eier daran und bereitet rasch ein Rührei daraus. Es soll noch weich sein. Man streut nach Belieben etwas Schnittlauch und Pfeffer darüber.

Eierkäs

Aus einem handgeschriebenen Kochbuch von 1850

Schlage 3 Eier in eine Schüssel und eine obere Tasse Milch. Salze was nöthig ist. Dann schmiere einen Model gut aus und gib die Masse hinein und koche es in Dunst. Dann schneide es würflicht und gib sie in die Kräutersupp.

Rieser Eiersoße

Erfahrene Köche erkennen wohl sogleich an den Zutaten, daß es sich hier um ein lediges Kind der berühmten »Sauce Hollandaise« handelt. Im Parkhotel in Donauwörth gab es sie 1976 anläßlich eines historischen Festessens zur »Rieser Spargelsinfonie«, wie der Chefkoch ein Gericht aus Leber, Spargel, Gurken, Petersilkartoffeln und eben dieser Soße getauft hatte.

3 Eßlöffel Weißwein	*150 g Butter*
3 Eßlöffel Wasser	*1 Prise Salz*
5 Pfefferkörner	*1 Zitrone*
1 Eßlöffel gehackte Zwiebeln	*1 Spritzer Worcestershire-*
Lorbeerblatt	*Soße*
3 Eidotter	

Wasser und Wein werden mit den sehr feingehackten Zwiebeln, den Pfefferkörnern und einem kleinen Eckerl eines Lorbeerblattes so lange eingekocht, bis bloß noch ein Drittel der Flüssigkeit im Topf ist. Diese so gewonnene »Reduktion«, wie der Fachausdruck lautet, gießt man lauwarm durch ein feines Sieb in ein Geschirr mit Griffen oder Stiel, das sich für's heiße Wasserbad eignet. Darin wird nun die Reduktion mit drei Eidottern so lange mit dem Schneebesen geschlagen, bis die ganze Masse cremig ist. Auf keinen Fall darf die Soße kochen. Hat man in der Hitze des Gefechtes einmal den Siedepunkt überschritten, dann hilft nur noch eine eiskalte Reaktion. Man gibt sofort ein paar Tropfen kaltes Wasser oder kleine Eiswürfel (vorsichtshalber immer parat halten) in die grießig werdende Soße, und sie löst sich wieder aus ihrer beginnenden Erstarrung. Nach dem Herausnehmen aus dem

Wasserbad schlägt man die Soße an einem warmen Ort (Herdrand) weiterhin mit dem Schneebesen und läßt gleichzeitig nach und nach die zerlassene und abgeschäumte Butter (= geklärte Butter) tröpferlweise einfließen. Zum Schluß schmeckt man mit Salz und Zitronensaft ab. Der Koch in Donauwörth hat noch ein paar Spritzer Worcestershire-Soße dazugetan. Aber das braucht's nicht!

Die »Rieser Spargelsinfonie« kam folgendermaßen auf den Teller: Über gebackene Leberschnitten wurden gekochte Spargelstangen getürmt und diese mit der Soße überzogen. Dann kam das Ganze für ein paar Minuten ins vorgeheizte Rohr, bis die Eiersoße eine schöne, braune Kruste hatte. Vor dem Servieren legte der Koch noch eine geviertelte, ausgehöhlte Gurke, aus der oben Spargelspitzen herausschauten, auf den Teller. Aus dem Gurkenmark hatte er kleine Kügerl ausgestochen, die das Gericht einkreisten. Dazu gab's noch Petersilkartoffeln.

Fränkische Hochzeitssuppe

Sie gehört eigentlich zu jedem Festschmaus und besteht aus mehreren Einlagen wie Pfannkuchen, Leberknödel (siehe auch Bayerische Schmankerlküche, Seite 13), Grießnockerl und Butterklöß'. Die letzteren freilich dürfen auf keinen Fall fehlen. Hier ist das Rezept:

½ Pfund Butter	½ Pfund Semmelbrösel
6 Eier	Salz, Muskat

Die Butter wird schaumig gerührt. Dann kommen 2 Eier und ein Teil der Semmelbrösel dazu. Die übrigen Zutaten werden nach und nach beigemengt, da sonst die Masse schwer zu rühren wäre. Der fertige Teig wird fünf Minuten in den Kühlschrank gestellt. Dann dreht man kleine Knödel daraus, die in sprudelndes Salzwasser gelegt und gekocht werden.

Auch die Schwaben haben ihre eigene »Hochzeitssuppe«. Dazu gehören Brätknödel, Leberknödel und Backspätzle. Und im Ries kommen dann auch noch Grießknödel und Biskuitstreifle dazu.

Kartäuserklöße

sollen schon Albrecht Dürer geschmeckt haben, erfährt man in Nürnberg. Dort werden sie aus Milchwecken hergestellt, in Schwaben aus »Geigen« (das ist dasselbe), anderswo nimmt man Eierweckl her oder man weicht schlicht und einfach »Brötchen« oder Semmeln in Milch ein. Denn so beginnt das Rezept.

8 alte Semmeln	*Semmelbrösel*
½ l Milch	*Backfett*
125 g Zucker	*Zimtzucker*
1 Päckchen Vanillinzucker	*Rotwein*
6 Eidotter	

Von den Weißbroten wird die Rinde abgeschnitten. Dann werden 6 Eidotter mit der Milch verkläppert, der Zucker darunter gerührt und das Ganze erhitzt. Mit dieser heißen Eiermilch werden die Brote übergossen. Man läßt die Eiermilch einziehen und wendet die Brote anschließend in Semmelbröseln. So werden sie in heißem Fett rundum goldbraun gebakken, mit Zimtzucker bestreut und in heißem Rotwein serviert. Kinder bekommen anstelle von Rotwein eine dicke heiße Vanillesauce.

ZARTES FLEISCH – FRISCHES GRÜN

Ein Ausflügler hat sich beim Unterwirt Tellerfleisch bestellt. Aber es ist so zäh und wahrscheinlich auch das Messer so stumpf, daß er es kaum herschneiden kann. Und beim Essen merkt er erst, wie verbissen sich die Fleischfasern gegen seinen Biß wehren und lieber Zuflucht zwischen und hinter seinen Zähnen suchen. Wie grad die Kellnerin vorbeigeht, redet er sie an: »Dös muaß aber a g'sunde Kuah g'wesen sei, von der dös Fleisch stammt!?« Die Zenzi kennt sich nicht recht aus und fragt, warum. »Na ja, weil s' so alt worden ist!« Alt werden die wenigsten Viecher. Vielen rückt man schon im Kindesalter mit dem Messer zu Leibe. Zwischen Ostern und Pfingsten machen die Geißkitzl, die Schaflampel und die Kaiberl Stellungswechsel zwischen Stall und Küche. Zum zarten Fleischerl kommen jetzt die frischen »Graserl«. Die Brunnkress' wächst am Bach, die Rhabarberstengel werden schon dick, im Hopfengarten sprießen die ersten Triebe, die Nerrnbercher machen bereits ihre Spargelkur und der Waldmeister versteckt sich unterm Laub. Aber sein Duft verrät ihn. So macht er gegen seinen Willen und nur einmal in seinem Leben Bekanntschaft mit Wein und Sekt.

Gebackenes Gaßla

Es könnte auch ein Zicklein oder ein Kitzl sein, je nachdem ob man in Franken oder in Altbayern ist und ißt.

1 Gaßla	*1 Ei*
1 Zwiebel, Salz, Pfeffer	*Brösel*
Knoblauch	*ein Stück Butter*
1 Lorbeerblatt	*1 Zitrone*
1 Eßlöffel Mehl	*Petersilie*

Das Gaßla wird in genügend Salzwasser mit Pfeffer und Lorbeerblatt, Knoblauch und nach Belieben etwas Suppengrün zart weichgekocht. Man nimmt es heraus, läßt es abtropfen und schneidet es in handliche Stücke. Sie werden in Mehl, Ei und Bröseln gewendet und in Butter oder Butterschmalz goldbraun gebacken.

Gefüllte Lammbrust

1 Lammbrust	*Salz*
Leber und Herz des Lammes	*1 Tomate*
100 g Semmelbrösel	*Zitronenschale*
1 Ei	*1 Eßlöffel Kräuter*
½ Zwiebel	*(Petersilie, Kresse)*

Zuerst kocht man die Innereien an, hackt Zwiebel und Kräuter und drückt die Tomate aus. Dann wiegt man die Innereien fein. Nun geht's an die Füllung: Semmelbrösel, Ei, Innereien, Zwiebel, Tomatensaft und -fleisch, Kräuter, geriebene Zitronenschale werden gut verrührt, falls erforderlich, mit etwas Milch. Nun werden von der Brust die Rippen herausgenommen, indem man sie lockert und abdreht. Am besten läßt man sich das gleich vom Metzger besorgen. Dann untergreift man das Fleisch so, daß eine Tasche entsteht, die Brust also nur auf einer Seite offen ist. Da hinein kommt die Fülle. Nach dem Füllen wird die Tasche zugenäht oder zugesteckt. Dann legt man die ausgelösten Rippen wie einen Rost in die Pfanne und gibt die Lammbrust darüber. Sie wird etwa 1 1/4 Stunden gebraten. Natürlich darf man das Aufgießen zwischendurch nicht vergessen. Die Soße schmeckt man zuletzt mit saurem Rahm ab.

Grober Knödel

1 Pfund Gerstenmehl	*oder 1 Scheibe Hausbrot*
1 l Milch	*20 g Butter*
1 Prise Salz	*Salzwasser*
1 alte Semmel	*1 Sträußl Petersil*

Das grobgeschrotete Gerstenmehl wird mit der heißen Milch übergossen, gesalzen, verrührt und muß eine Stunde quellen. Danach mischt man noch die angerösteten Semmel- oder Brotwürfel darunter. Nun bestreicht man ein Leinentuch oder eine Serviette in der Mitte mit Butter, formt aus dem Teig einen großen, runden Knödel und schlägt ihn in das Tuch ein, das man oben zubindet. Der (Servietten-)Knödel muß nun eine Stunde in Salzwasser ziehen. Wenn nötig, soll gelegentlich die Verschnürung gelockert werden, damit der Knödel im Tuch weiter aufgehen kann. Vom Tuch heraus stülpt man ihn auf eine Platte und reißt ihn in der Mitte auf. Dann wird er mit der Schnur (wer's kann, sonst mit dem Messer) in Scheiben geteilt und mit Petersilie bestreut. Diesen Knödel ißt man in Oberfranken gern zu gebackenem Kitz.

Kalbsbries in grüner Soße

1 großes oder 2 kleine	*Salz, Pfeffer*
Kalbsbriese	*Muskat*
1 Glas Weißwein	*Zucker*
1/2 Tasse Milch oder Rahm	*frische Kresse, Dill oder*
1 Eßlöffel Butter	*Petersilkraut*
1 Eßlöffel Mehl	*Zitrone*

Das Bries wird in Salzwasser gekocht, gereinigt und in Scheiben geschnitten. Inzwischen bereitet man aus Fett und Mehl eine weiße Einbrenne, gießt sie mit Kochwasser und Weißwein sowie Rahm oder Milch auf und würzt sie sehr herzhaft mit Salz und Pfeffer, Muskat und der gehackten Kresse oder Petersilkraut oder nach Belieben auch Dill. Man schmeckt noch mit Zitronensaft und Suppenwürze sowie einer Prise Zucker pikant nach und gibt das Bries in die Soße hinein.

Spargelcremesuppe

Spargelabschnitte   *⅛ l süßer Rahm*
1½ l Salzwasser   *1 Prise Salz*
40 g Butter   *1 Schuß Weißwein*
2 Eßlöffel Mehl   *Zitronensaft*
2 Eidotter   *gekochte Spargelköpfe*

Spargelschalen, Spargelbruch oder holzige Teile, die man für sonstige Spargelgerichte nicht verwendet, eignen sich gut zur Zubereitung einer cremigen Suppe. Der »Abfall« wird in leicht gesalzenem Wasser gekocht und abgeseiht. Dann bereitet man aus Butter und Mehl eine helle Einbrenne und gießt sie mit der Spargelbrühe auf. Die Suppe muß bei kleiner Flamme eine Viertelstunde kochen. Zur Legierung verwendet man in Rahm verkläpperte Eidotter. Abgeschmeckt wird mit Salz, Weißwein und einigen Spritzern Zitronensaft. Die legierte Suppe braucht nur noch einmal kurz aufzukochen, dann ist sie fertig. Wer noch ein paar im Sud mitgekochte Spargelköpfe in die Suppe tut, wird vielleicht von seinen Gästen die Bemerkung »einsame Spitze!« zu hören bekommen.

Hopfenpf(l)anzl

200 g Schweinefleisch   *½ Teelöffel Pfeffer*
150 g Kalbfleisch   *etwas Liebstöckl (Maggikraut)*
150 g Rindfleisch   *10 grüne Hopfendolden*
1 Ei   *oder 50 g Hopfensprossen*
gut ½ Eßlöffel Salz

Man besorgt sich Hackfleisch in obiger Zusammensetzung. In den Teig mischt man sogleich einen halben Eßlöffel Salz und ein ganzes Ei, damit er eine gute Bindung erhält. Weiters benötigt man als Würze Pfeffer, zwei oder drei zerkleinerte Liebstöcklblätter und je nach Jahreszeit entweder junge Hopfentriebe oder Hopfendolden. Die Dolden werden feingewiegt, die Sprossen müssen zuvor in Salzwasser gekocht und dann in kleine Stücke geschnitten werden. Wenn alles gut vermengt ist, brät man daraus in der Pfanne entweder Pf(l)anzl oder man macht im Rohr einen Hackbraten.

Gebröselte Schwarzwurzeln

100 g Schwarzwurzeln	Salz
50 g Brösel	Petersilie
50–80 g Butter	

Schwarzwurzeln werden sauber geputzt und in etwas Essigwasser mit wenig angerührtem Mehl gegeben, damit sie schön weiß bleiben. Man schneidet sie in Stücke und kocht sie in Salzwasser gar. Dann läßt man sie abtropfen und schwenkt sie in goldbraunen Butterbröseln und streut Petersilie darüber.

Rhabarber-Strudel

Zum Strudelteig:	350 g Rosinen
400 g Mehl	350 g Zucker
1 Ei, Salz	1/4–1/2 l Rahm
4 Eßlöffel Öl oder 50 g zerlassene Butter	
	Zum Übergießen:
1/2 Kaffeetasse Wasser	1 l Milch
	1/4 Pfund Zucker
Für die Füllung:	
3 1/2 Pfund Rhabarber	Backfett

Man siebt das Mehl in eine Schüssel, gibt eine Prise Salz dazu, macht eine Vertiefung und verrührt von da aus das Fett, ein Ei und so viel Wasser, daß ein weicher, geschmeidiger Teig entsteht, der sich gut von der Schüssel löst und nicht mehr am Kochlöffel klebt. Dieser Teig wird anschließend auf einem bemehlten Nudelbrett kräftig mit den Händen geknetet und geschlagen, bis er glatt und zart ist. Dann macht man vier Laiberl daraus und läßt sie zugedeckt eine halbe Stunde ruhen. Nun walgt man auf einem Tuch die einzelnen Teigviertel ungefähr tellergroß aus und zieht sie mit Handrücken, dann Fingern vorsichtig lang und breit, so daß man sehr dünne Fleck' bekommt, die mit zerlassener Butter oder saurem Rahm bestrichen werden. Darauf verteilt man gleichmäßig in Zentimeter geschnittene Rhabarberstücke, Rosinen und reichlich Zucker. Die einzeln nacheinander zubereiteten Teigfleck' lassen sich durch Hochheben des Tuches an einem Ende schön zusammenrollen. Dann kommen die vier Strudel nebeneinander auf ein gut gefettetes Backblech oder in eine Reine und werden im vorgeheizten Rohr bei 200 Grad eine Stunde gebacken. Dabei bepinselt man sie ein paar Mal mit zerlassener Butter. Nach gut einer halben Stunde der Backzeit werden die Strudel mit heißer, gezuckerter Milch übergossen und weitergebacken. Zum Schluß schaltet man die Hitze etwas höher, damit sie eine schöne Farbe bekommen.

Waldmeisterbowle

2 l Weißwein	4 Zuckerwürfel
1 Orange	1 großer Bund Waldmeister
1 Zitrone	1 Flasche Sekt

Um die »Königin der Bowlen« auch wirklich zu krönen, muß folgendes »Zeremoniell« eingehalten werden. Der Waldmeister sollte kurz vor der Blüte stehen, wenn man ihn einsammelt oder kauft und frisch sein. Ende April, Anfang Mai ist »seine Zeit« (Maibowle). Man sammelt ihn in Laubwäldern. Der Wein kommt kühl ins Bowlengefäß, der Sekt eiskalt. Nur Würfelzucker verwenden und nicht umrühren! Das »Mischen« der Zutaten besorgt der Sekt. Zuerst gießt man also den Wein ins Bowlengefäß. Man nimmt am besten einen spritzigen Mosel. Dann gibt man vier Zuckerwürfel dazu und den Saft der Zitrusfrüchte. Ein großes Büschel Waldmeister läßt man an einem Bindfaden befestigt so wie einen Teebeutel in die Flüssigkeit hängen. Nun stellt man alles kalt. Nach einer guten halben Stunde gießt man den Sekt darzu, und zwar so, daß der Flaschenhals vom Wein bedeckt wird, damit keine Kohlensäure verlorengeht. Ja, und dann: Prost!

Für den Haus- und Gartenfreund

WER'S SÜSS MÖGEN DARF

Sie kennen doch sicher den Unterschied zwischen dem »Freund des Hauses« und dem »Hausfreund«, oder? Ersterer kommt, wann er will... Unser Kapitel-Titelheld aber ist kein letzterer, sondern ein Haus- und Gartenfreund in einer Person, ein braver Familienvater, der jetzt, wo die Sonne immer wärmer wird, am Sonntagnachmittag mit der Mutter (Ehefrau) im Garten am Kaffeetisch sitzt, schon längst nicht mehr mit »Süßer« angesprochen wird, dafür aber was Süßes auf dem Teller hat. Also, soo süß ist es nun auch wieder nicht! Diese Schnitten und Striezeln, die Waffeln und Küachl, die sind nicht überladen, die sind grad recht zum Kaffee. Ja, und die Torten? O mei, die gibt's eh bloß alle heilige Zeiten!

Anis-Schnitten

160 g Zucker	1 Teelöffel Anis
2 Eier	210 g Mehl

Zucker und Eier werden sehr weißschaumig gerührt. Man gibt den feingestoßenen Anis und das Mehl dazu, verknetet die Masse und formt zwei kleine Wecken, die man auf gefettetem Blech bei Mittelhitze langsam goldgelb bäckt. Man schneidet die Wecken dann in Scheiben, die nach Belieben auch noch gebäht (geröstet) werden können.

Storchennester

werden in Franken aus Hefeteig gemacht; ansonsten kennt man sie als Butterteiggebäck. Hier liefern wir die Zutaten für die beiden Arten:

Hefeteig:	Butterteig:
1 Pfund Mehl	1 Pfund Mehl
25 g Hefe	½ Päckchen Backpulver
2 Eier	2 Eier
1 Tasse Milch	3 Eßlöffel Milch
Salz	80 g Butter
3 Eßlöffel Zucker	80 g Zucker
Backfett	Backfett

Ostereier im Wurzelsud, Rezept Seite 36 ▷

Alle Zutaten jeweils gut vermischen und rühren. Der Hefeteig muß eine Stunde gehen, der Butterteig ebenso lange ruhen. Dann wird er dünn ausgewalgt. Daraus sticht man etwa
handtellergroße runde Flecke, in die man fast bis zum Rand
sechs Längsschnitte radelt. So entstehen fünf Streifen innerhalb der Teigfladen. Nun fährt man mit dem Kochlöffelstiel
unter den ersten Streifen, läßt den zweiten liegen, der dritte
wird wieder aufgefaßt, der vierte bleibt, und unter den fünf-
ten kommt wieder der Kochlöffelstiel. Noch am Holz taucht
man die Storchennester ins heiße Schmalz, läßt sie auf der einen Seite anbräunen, kann jetzt den Kochlöffelstiel vorsichtig
herausnehmen und das Gebäck wenden. Es wird schön goldbraun gebacken und kommt mit Zimtzucker bestreut zum
Kaffeetisch.

Schwäbische Sträuble

125 g Mehl	*Salz*
4 Eier	*Backfett*
1/8 l Milch	*Zucker, Zimt*

Da es sich um ein schwäbisches Hausmacherrezept handelt,
stellt man zunächst aus Mehl, Milch, Eiern und Salz einen
»Flädleteig« her. Ein Pfannkuchenteig wäre dasselbe, aber
halt nicht schwäbisch – und etwas dünner. Wer ihn gleich in
einem Schnabeltopf angerührt hat, braucht nun nicht mehr
um-, sondern kann den Teig gleich vom Topf ausgießen. Und
zwar in eine Pfanne mit heißem Backfett, in die man kleine
oder mittelgroße Ringe gießt. Man backt sie auf beiden Seiten
schön goldbraun und bringt sie mit Zucker und Zimt bestreut
auf den Kaffeetisch.

◁ *Apfelgelee, Melonen und Zwetschgen in Essig,*
Rezepte Seite 57 und 58

Hobelspäne

Aus einem handgeschriebenen Kochbuch um 1850

Man nimmt 6 Loth (50 g) Zucker und 3 Eyergelb, rührt dieses 1 Stunde lang, dann gibt man 5 bis 6 Kaffeelöffel voll Mehl daran und gibt zuletzt den Schnee von den 3 Eiern darunter. Dann streicht man ein reines Blech mit Wachs, wischt es mit Papier ab und läßt es kalt werden. Dann streicht man die Eiermasse so dünn wie möglich auf und backt sie langsam im kühlen Ofen, denn wenn es zu heiß wäre, zieht es Blasen. Bey jedem Aufstreichen muß der Teig umgerührt werden. Ist es schön gelb gebacken, so stelle das Blech auf die Platte, schneide länglichte Streifchen aus der Masse, und rolle diese um ein Holz, schnell und so lange sie warm sind. Wenn sie kalt sind, brechen sie. Diesen Teig kannst auch zu Stritzln nehmen, bloß ein wenig dicker aufstreichen und hernach viereckichte Stücke herschneiden und wie Stritzln zusammenmachen, wenn sie noch warm sind. Hernach fülle sie mit Rahmschnee, und gibs zur Tafel.

Gute Waffeln ohne Hepfen

Um 1850

Man gibt ein gutes ½ Pf. Mehl in eine Schüssel, rührt dieses mit ½ Maß süßen Raum glatt ab. Dann wird ½ Pf. zerschleichener Butter langsam darein gerührt, dann kommen 8 Eierdotter nebst ein wenig Salz und Zucker nach Belieben. Das Weisse von den Eiern wird zu Schnee geschlagen und langsam darein gerührt. Alsdann wird das Eisen heiß gemacht und mit einem Binsel in Butter getaucht und bei jeder Waffel das Eisen geschmirt und so werden sie unter öftern Umwenden auf dem Kohlfeuer gebacken. Teig gibt man so viel hinein, das gerade das Eisen gefüllt ist und mit Zucker und gestoßenen Zimmt werden sie hernach bestreut. Ehe man sie bestreut, stellt man es noch zuvor auf die Wärme, damit sie noch ein wenig steifer werden, und diese werden recht gut.

Regensburger Datteltorte

Die Regensburger Wochenmärkte waren schon im Mittelalter bekannt wegen ihrer Vielfalt an angebotenen exotischen Früchten und Feingewürzen.

280 g Zucker	280 g Mandeln
2 Päckchen Vanillinzucker	280 g Datteln
Muskat und Piment	Butter
8 Eier	Brösel

Zucker, Vanillinzucker, die Gewürze und die Dotter werden sehr gut von Hand eine halbe Stunde oder von der Maschine zehn Minuten gerührt. Man gibt die geschälten und feingeriebenen Mandeln, die streifig geschnittenen Datteln und zuletzt den sehr steifen Eischnee darunter. Der Teig wird in eine gebutterte und gebröselte Form gefüllt und bei Mittelhitze etwa 40 Minuten gebacken.

'S OBST WIRD ZEITIG

Oder es ist schon soweit. Der Haus- und Gartenfreund kommt jetzt voll auf seine Rechnung. Zwar könnte er sich das Obst – wie andere – auch kaufen, manchmal sogar recht billig, aber, so sagt er: »Was willst denn mit dem g'spritzten Zeig?« Und: »Wer woaß, wer dös alles scho in die Händ g'habt hat!« S e i n e Johannisbeeren hat er sich selber gezupft, s e i n e n Kuchen hat s e i n e Maria gemacht, und von der weiß er, daß sie sich d' Händ wascht.

Kerschmännla

gibt's in Franken. Man kann das Kirschmännchen in jeder beliebigen Auflauf- oder Kuchenform backen.

8 alte Semmeln	1 Teelöffel Zimt
³/₈ l Milch	50 g geriebenes Schwarzbrot
100 g Butter	1 Messerspitze Backpulver
175 g Zucker	2–2¹/₂ Pfund Kirschen
4 Eidotter	4 Eiweiß

Die Semmeln werden in Würfel oder dünne Scheiben geschnitten und in Milch eingeweicht. Dann verquirlt man Butter, Zucker, ein wenig Zimt und die Eidotter zu einer Schaummasse. In diese werden anschließend die eingeweichten Semmeln und das zu Bröseln geriebene und mit dem Backpulver vermischte Schwarzbrot gerührt. Auch die entsteinten Kirschen kommen dazu und zum Schluß das steifgeschlagene Eiweiß. Man füllt den Teig in eine gut gefettete Form und bäckt ihn eine Stunde bei Mittelhitze.

Gefüllte Himbeertorte

100 g Butter
100 g Zucker
5 Eier
½ Pfund Mehl
1 Teelöffel Backpulver
125 g Bitterschokolade
50 g geriebene Mandeln
1 Eßlöffel Rum

1 Eßlöffel Weinbrand
Himbeer- oder Johannisbeer-
marmelade
¼ l Schlagrahm
1 Teelöffel Zucker
1 Päckchen Vanillinzucker
Eierlikör

Butter und Zucker werden schaumig gerührt. Dann werden die Eidotter, die Mandeln, das Mehl, das Backpulver, die geraspelte Schokolade, Weinbrand und Rum dazugerührt. Man hebt den steifen Eischnee vorsichtig darunter und füllt die zarte Masse in eine gut gefettete Springform. Der Tortenteig wird im vorgeheizten Rohr langsam bei 150 bis 170 Grad eine Stunde gebacken. Nach dem Erkalten durchschneidet man die Torte und füllt sie mit Himbeer- oder Johannisbeermarmelade und überzieht sie mit dem steifgeschlagenen, gesüßten Schlagrahm und beträufelt diesen mit Eierlikör. Darüber gibt man noch grobgeraspelte Schokolade.

Waffeln mit Heidelbeeren

Heidelbeeren darf man ja nun nicht als zum Hausgartl gehörig rechnen, obwohl es eigene Gartenzüchtungen gibt. Solche Beeren werden fast zehnerlgroß. Natürlich erreichen sie nicht das Aroma der Waldheidelbeeren. Das ist bei den Erdbeeren genauso.

170 g saurer Rahm	4 Eßlöffel zerlassene Butter
3 Eier	³/₄ Pfund Heidelbeeren
3 Eßlöffel Zucker	1 Eßlöffel süßer Rahm
1 Tasse Mehl	

Eier und Zucker werden mit dem Schneebesen oder Hand-
rührgerät so lange geschlagen, bis der Zucker aufgelöst ist.
Abwechselnd gibt man nun 1 Eßlöffel Mehl und 1 Eßlöffel
von dem sauren Rahm in die gezuckerte Eiermasse, bis alle
Zutaten eingerührt sind. Zum Schluß wird die zerlassene Butter daruntergezogen.
In das vorgeheizte Waffeleisen gibt man ungefähr je einen
Schöpflöffel mittlerer Größe voll von der Waffelmasse und
bäckt sie bei nicht zu starker Hitze. Die Masse ergibt ungefähr 7 bis 8 Waffeln. Sie werden auf ein Dessertteller gelegt
und mit eingezuckerten Heidelbeeren überstreut. Obendrauf
kommt noch ein Eßlöffel angeschlagener, noch etwas flüssi-
ger süßer Rahm.

Weichselkuchen mit Mandelguß

Originalrezept aus Niederbayern

Man macht einen gewöhnlichen Bröselteig, schmirt einen
Tortenreif mit Butter, legt ihn mit dem Teig aus. Der
Boden wird mit den abgepflügten (entsteinten) Weichsel belegt, dann ein Guß von 6 Loth (100 g) fein gestoßenen
Mandeln, 6 Loth Zucker, 6 Eierdötter dick gerührt, zuletzt
den Schnee von 6 Klar darunter gezogen. Man gibt das Ab-
gerührte unter und über die Weichseln und bäckt es in einem
kühlen Rohr.

Johannisbeerkuchen mit Haube

¹/₂ Pfund Mehl	1 Päckchen Vanillinzucker
¹/₄ Pfund Zucker	etwas Zitronenschale
1 Teelöffel Backpulver	1 Teller Johannisbeeren
4 Eier	4 Eßlöffel Zucker
100 g Butter	

Die Butter wird schaumig gerührt. Man fügt Zucker, die Eidotter, geriebene Zitronenschale und das mit dem Backpulver gemischte Mehl darunter. Der Teig wird in eine gefettete Springform gegeben und bei 175 Grad gebacken. Nach dem Erkalten gibt man die durchgezuckerten Johannisbeeren darauf, schlägt das übrigbehaltene Eiweiß mit Zucker und Vanillinzucker sehr steif und überzieht damit die Johannisbeeren. Der Kuchen wird bei Oberhitze noch rund 15 Minuten hell überbacken.

Apfel-Kuchen mit schwarzem Brod

Handgeschrieben, um 1850

Schäle 12—14 Äpfel, schneide sie in Würfel, reibe ¾ Pfund schwarzes Brod, stoße ein Stück Zimmt mit 5 Mandeln und ¼ Pfund Zucker fein, rühre ¼ Pfund Butter flaumigst ab mit 8 Eidotter und ¼ Pfund Zucker, menge obiges darunter und rühre noch einmal ¼ Stunde. Bestreiche eine Form mit Butter, fülle die Masse hinein und bache den Kuchen bey mitleren Hitze in der Röhre. Dann stürze ihn und gieß eine Maß rothen Weins siedent darüber. Hat der Kuchen diesen Wein eingesogen, so garniere ihn mit Weichseln und schicke ihn zur Tafel. Man kann ihn auch mit Zucker glaciert trocken geben.

Verschleiertes Bauernmädchen

heißt eine süße Nachspeise aus Oberfranken. Worin Sie den Schleier unter den Zutaten entdecken und wo das Bauernmädchen steckt, mögen Sie selbst herausfinden. Man braucht:

350 g geriebenes Roggenbrot	*5 Eßlöffel Apfelmus*
2 Eßlöffel Puderzucker	*½ l Schlagrahm*
20 g Butter	*1 Päcken Vanillinzucker*
½ Pfund Himbeermarmelade	*Himbeeren zum Garnieren*

Zuerst wird das geriebene, mit Puderzucker vermischte Schwarzbrot in der Pfanne in Butter geröstet, bis das Fett (nur 20 Gramm) verbraucht ist. Dann läßt man die Krümel völlig erkalten. Nun schichtet man in einer Glasschüssel lagenweise: Brösel – Apfelmus, Brösel – Himbeermarmelade und wiederholt das, bis alles verbraucht ist. Obenauf sollen Brösel kommen. Darüber wird gleichmäßig mit Vanillinzukker gesüßter Schlagrahm verteilt und hübsch mit Himbeeren verziert.

DAMIT WAS BLEIBT

Das Einmachen und Einwecken ist so ziemlich aus der Mode gekommen, weil es heute ja viel bequemere Methoden der Haltbarmachung gibt. Marmelade, Gelees und Konfitüren kriegt man das ganze Jahr im Laden. Zwetschgen halten sich in der Tiefkühltruhe wie frisch gepflückt. Früher hat man sehr originelle Rezepte für die Konservierung von Obst gekannt, und wenn man alte »Speiszettel« liest, dann erfährt man, daß es das ganze Jahr über »Eingesottenes« oder Essigfrüchte (auch zur Obstzeit) gegeben hat. Im folgenden sind Original-Rezepte einer Rottaler Wirtin abgedruckt, die sie vor rund 150 Jahren in ihr Kochbuch geschrieben hat. Zuvor aber die Zubereitung einer besonderen Rarität:

Quittenpaste

Das ist ein ganz altes Rezept, das schon in mittelalterlichen bayerischen Kochbüchern vorkommt. Die Quitten heißen darin »Kyten« oder »Kitten«, auch »Kvüten«, aber die Zubereitung ist immer dieselbe. Es handelt sich einfach um einen dick gekochten Brei, der leicht geliert, weil die Quitte sehr viele Pektine enthält. Man braucht:

2 Pfund Quitten	(ev. Geliermittel)
2 Pfund Zucker	beliebige Würze
etwas Zitronensaft	

Die Quitten werden nur abgewischt, nicht geschält und in kleine Stücke geschnitten. Man läßt das Kernhaus darin, denn es enthält sehr viele Pektine, die zum Steifen der Paste beitragen. Die Quitten werden nun mit Wasser bedeckt aufs Feuer gebracht und sehr gut durchgekocht. Die Masse wird durch ein Sieb gestrichen und gewogen. Man gibt genauso viel Zukker und, wenn es schnell gehen und bequem sein soll, das Geliermittel dazu und kocht unter ständigem Umrühren, bis alles dick und schön dunkelrot ist. Der Quittenbrei muß so steif gekocht werden, daß ein durchgezogener Kochlöffel eine Rinne hinterläßt, die nicht sofort wieder zusammenfließt, und die Masse muß schwerklumpig vom Löffel fallen. Noch heiß, streicht man sie auf Alufolie in etwa 2 cm Dicke und glättet die Oberfläche schön ab. Diese Paste läßt man nun einige Tage in einem warmen Raum stehen, schneidet dann entsprechende kleine Stückchen davon ab und wendet diese in Kristallzucker. Man läßt sie noch eine Weile übertrocknen und kann sie dann in Schachteln oder hübschen Blechbüchsen aufbewahren. Sie geben ein allgemein beliebtes Geschenk, aber auch eine wundervolle und vor allen Dingen gesunde Schleckerei ab.

Man kann die Quittenmasse auch beliebig mit etwas Zitronensaft oder kristallisierter Zitronensäure, mit Vanillinzucker oder mit etwas Ingwerpulver, ganz wenig Muskat oder auch mit Zimt würzen. Notwendig ist das nicht, denn die Quitte hat selbst genügend Feingeschmack. Aber, wie bei vielen Dingen so auch hier, von alters her liebt man es, diese Pasten verschieden zu würzen.

Minuten-Schillee

Man nimmt schöne reife Johannisbeer, Zucker und Beer gleich viel, den Zucker gesiebt. Dann thut man in eine meßingere Pfanne eine Lag Beer und eine Lag Zucker und so fort, bis die Pfanne voll ist, aber zuletzt müssen Beer kommen. Wenn sie einmal stark im Kochen sind, läßt man sie 7 Minuten kochen, es ist aber noch besser 11, weil sie sonst dünn bleiben. Dann nimmt man sie vom Feuer und läßt sie durch ein Haarsieb laufen, ohne sie zu verrühren. Wenn es kalt ist, füllt man sie in die Gläser.

Eingemachte Erdbeer

Es werden schöne reife Erdbeer durch ein Sieb paßiert, dann wieg, wie schwer das Paßierte ist und nimm ebenso viel feingesiebten Zucker. Vermenge es gut, damit alles recht fein ist. Dann fülle es in gläserne Flaschen und gib ein bißchen Öl darauf, messerrückendick, und Stopfl und gut petschieren, und schief in Sand hineinschlagen.

Melonen in Essig

Die Melonen werden geschält, in 4 Theile geschnitten, wenn sie nicht groß sind; außerdem in 8—12 Theile. Man gibt sie in eine neue Schüssel, schüttet guten Essig darüber und läßt sie 2 Stund stehen. Vorher werden die Melonen gewogen: auf das Pfund kommt 1/2 Pf. Zucker. Dieser wird mit dem Essig in eine messingene Pfanne gethan und gekocht. Man schäumt ihn gut ab, thut einige Stücke Zimmt und 12 Nelken dazu und läßt die Melonen in dem Essig halb weich kochen. Dann thut man alles in ein porzellanernes Geschier, läßt es über Nacht stehen und kocht die Melonen den 2 ten Tag weich, füllt sie kalt in Gläser oder steinerne Töpfe und verbindet sie gut mit Papier.

Zwetschgen in Eßig

Zu 6 Pf. Zwetschgen nimmt man 1 1/2 Maß Eßig nebst 1 1/2 Pfund Zucker, 1 Loth Zimmt, 1 Loth Nelken. Die Zwetschgen werden abgeputzt, mit einer Nadel durchstochen, der Zucker wird geläutert und dazugethan; man läßt ihn sieden und schüttet ihn über die in einem steinernen Topfe befindlichen Zwetschgen. Den andern Tag läßt man den Essig wieder sieden und gießt ihn wieder darüber, den 3 ten Tag abermall, thut den Zimmt und die Nelken mit in den Essig, läßt es kochen und die Zwetschgen einen Waller damit aufthun, füllt sie kalt in steinerne Töpfe.

Apfel-Gelee

Man nimmt hierzu vorzüglich Renneten (Reinetten), schneidet dieselben in Viertel oder Achtel und macht das Kernhaus heraus, weil wenn dieses unterlassen wird, das Gelee nicht so hell und feurig wird. Diese Äpfel fülle man mit Wasser auf, so daß es darüber geht, und laße sie ungefähr ³/₄ bis ⁵/₄ Stund lang kochen. Wenn sie ganz weich sind so gieße man dieselben auf ein Haarsieb, welches auf einer Schüssel steht, damit die Flüssigkeit gut abläuft. Diesen Apfelsaft filterire nochmals, damit er ganz hell werde, messe ihn und nehme eben so viel geläuterten Zucker, vermische beides, und laße es unter fortwärenden Abschäumen 15—20 Minuten lang kochen, welches sich freilich nicht bestimmt angeben läßt, sondern von der Stärke des Feuers abhängt. Fließt es etwas breit beim in die Höhe halten von dem Löffel, so nimmt man das Gelee vom Feuer und läßt es einige Zeit ruhig stehen. Sollte sich die dünne Haut abgezogen haben, so nimmt man diese rein ab und füllt das Gelee in Büchsen. Nach dem Erkalten schneidet man nach der Größe der Büchsen ein rundes Papier, benetz es etwas mit Franzbranntwein, legt es auf das Gelee, bindet dasselbe noch besonders zu und bewahre es in einen kühlen und trocknen Ort.

Hoaß is's

LEICHTE KOST ZU BIER UND MOST

Hochsommer, das ist die Zeit, wo man den Schweinsbraten lieber kalt ißt, auf die heiße Suppe eher pfeift als sie bläst und wo das Bier am besten im Wirtsgarten schmeckt. Schwerer Arbeit geht man möglichst aus dem Weg und möchte sie auch dem Magen nicht zumuten. Leichte Kost, heißt die Parole. Salz- und Pfefferbüchsl sind oft die Beilagen, das Senfhaferl darf ebensowenig fehlen wie das Essigflascherl, und das Bierglas oder die Mostkrügel werden öfter nachgeschenkt als sonst. Und wenn's länger regnet? Selbstverständlich wird dann der sommerliche Magenfahrplan auf Normalbetrieb umgestellt.

Nürnberger Ochsenmaulsalat

1 Pfund Ochsenmaul	*Salz, Pfeffer, Muskat*
½ Zwiebel	*Schnittlauch*
Öl, Essig	

Wenn man das Ochsenmaul nicht schon fertiggekocht kaufen kann, muß es 3 bis 4 Stunden langsam in Salzwasser kochen. Man schneidet es dann in hauchdünne, wirklich hauchdünne Blattl und macht es mit viel feinen Zwiebelringen, Öl, Essig, Salz, Pfeffer, etwas Muskat und Schnittlauch zu einem sehr herzhaften Salat an. Er muß eine Weile ziehen und wird kühl gestellt. Dazu gibt man frische Brezn.

Nürnberger Gwerch

100 g Roter Preßsack	*2 Zwiebeln*
100 g Weißer Preßsack	*Salz, Pfeffer*
100 g Stadtwurst	*Wasser, Essig, Öl*
100 g Ochsenmaul	*(geriebener Käse)*

Ja, ein gewöhnlicher Wurstsalat ist das nicht, wie man sogleich an den Zutaten sieht. Freilich, den roten und weißen Preßsack kriegt man überall, aber die Stadtwurst ist allein schon für sich eine Nürnberger Spezialität. Auch das feingeschnittene Ochsenmaul hat seine eigene Nürnberger Note. Die Zusammensetzung des Gwerch: Preßsack in Würfeln,

Stadtwurst in Scheiben, Ochsenmaul blättrig, Zwiebeln in Ringen. Gut gewürzt mit Salz und Pfeffer wird es in Essig und Öl serviert. In manchen Gasthäusern wird auch geriebener Emmentaler drübergestreut. – Halt, da fehlt doch noch was? Natürlich: eine Scheibe Butterbrot, ein paar Radieserl und eine frische Halbe im schattigen Wirtsgarten!

Eier in Senfsoße

Etwa ein Dutzend Eier	*etwas Milch*
2 Eßlöffel Mehl	*Salz, Pfeffer*
2 Eßlöffel Fett	*Muskat*
1 Eßlöffel Weißwurstsenf	*1 Eßlöffel Kapern*

Die Eier werden hartgekocht, geschält und halbiert. Dann bereitet man aus Fett und Mehl eine gelbliche Einbrenne, die mit Milch aufgegossen und sehr würzig mit Senf und Salz, Muskat, etwas Pfeffer und, wenn nötig, noch mit etwas Essig nachgeschmeckt wird. Man gießt sie über die leicht gesalzenen und gepfefferten Eier und streut zuletzt die Kapern darüber.

Saure Bratforellen

4 Portionsforellen	*3 Eßlöffel Senfkörner*
Zitronensaft	*3 Gewürznelken*
Salz, Pfeffer	*6 Wacholderbeeren*
Mehl zur Panade	*2 große Zwiebeln,*
Bratfett	*in Scheiben oder Ringen*
	1 Eßlöffel Salz
Zum Sud:	*1 Teelöffel Zucker*
1/8 l Essig	*Saft von 1/2 Zitrone*
12 Pfefferkörner	*gut 1/4 l Wasser*
2 Lorbeerblätter	*1 Schuß Öl*

Das werden natürlich ganz schön teure »Bratheringe«, diese selbsteingelegten Forellen, dafür genießen Sie aber eine wahre Delikatesse. Die Fische werden gesäubert, innen und außen mit Zitronensaft beträufelt, gesalzen und gepfeffert. Dann wendet man sie in Mehl und bestäubt sie auch innen damit. Auf beiden Seiten werden sie in Butter schön braun gebraten. Aus den oben genannten Zutaten bereitet man nun den Sud, jedoch ohne Öl. Er muß einmal aufkochen. Erst wenn er ganz abgekühlt ist, wird noch ein Schuß Öl dazugegeben. In einem passenden Gefäß übergießt man nun die gebräunten Forellen mit dem Sud, daß er die Fische bedeckt. Nach drei bis vier Tagen sind die Bratforellen fertig. Ein köstliches Gericht! Übrigens läßt sich diese Prozedur auch jeder andere (billigere) Süßwasserfisch gefallen. Hier empfiehlt es sich aber, die Beize schärfer zu machen und länger mit dem Verzehr zu warten, damit sich die vielen Gräten auflösen. Ganz verschwinden sie allerdings nicht.

Hausmacher-G'schwollne

1 Pfund Kalbfleisch	*1 Teelöffel Pfeffer*
½ Pfund Schweinefleisch	*Schale von 1 Zitrone*
1–2 Eßlöffel Salz	*1 Messerspitze Muskat*
1 Ei	*etwa ½ l Milch*

Das Fleisch wird zweimal durch die feine Scheibe des Wolfs getrieben und dann sogleich mit dem Salz und dem Ei vermengt. Dann breitet man die Masse auf dem Arbeitstisch, auf dem Nudelbrett oder auf dem Backblech aus und verrührt sie gut mit beiden flachen Händen, wobei nach und nach die Gewürze und die Milch dazugegeben werden, von letzterer jeweils so viel, wie der Teig gerade aufnimmt. Wenn die Masse gut gebunden hat und glänzend ist, kann man daraus mit dem Teigschaber etwa 14 cm lange und 3 cm breite Stücke abstechen, die man etwa eine halbe Stunde in 60–70 Grad heißem Wasser ziehen läßt. Sie gehen sofort unter, kommen aber nach und nach wieder an die Oberfläche. Dabei verlieren sie ihre rosige Farbe und werden weißlich. Man läßt sie dann in kaltem Wasser abkühlen und kann sie anschließend in der Pfanne beiderseits in heißem Fett braten. Sie schmecken gut zu Sauerkraut, zu Kartoffelsalat oder werden mit Schweinsbratensoße serviert.

Anmerkung: Wer das Fleisch in einem Mixer zerkleinern kann, braucht es nicht durch den Wolf gehen lassen und erspart sich eine Menge Zeit mit dem Verrühren von Hand. Auf keinen Fall sollte man einen Quirler verwenden. Das bringt nichts ein.

Süßer Weißwurstsenf

³⁄₄ *Pfund gelbes Senfmehl*	*2 Eßlöffel Salz*
¹⁄₄ *Pfund grünes Senfmehl*	*¹⁄₂ Zwiebel mit 3 Nelken*
1 Pfund brauner Farinzucker	*besteckt*
1¹⁄₂ l Wasser	*6 Wacholderbeeren*
1 Teilstrich braune Essig-	*10 Pfefferkörner*
Essenz	*1 kleines Lorbeerblatt*
1 Eßlöffel Staubzucker	*1 Eßlöffel frischgeriebenen*
(Puderzucker)	*Kren (Meerrettich)*

Senfmehl besorgt man sich am besten in Apotheken, Droge-
rien, Reformhäusern oder Samenhandlungen. Falls Ihr
Kaufmann keinen (braunen) Farinzucker vorrätig hat, können Sie auch weißen Staubzucker verwenden. Das gleiche gilt
für die braune Essig-Essenz. Eine weiße tut's auch. Mit den
»braunen Zutaten« erzielt man lediglich eine schönere Farbe
des fertigen Senfs.
In einer Schüssel vermischt man das gelbe und grüne Senfmehl mit dem Zucker, dann bereitet man den Essigstand.
Dieser besteht aus Wasser, Essig-Essenz, so viel wie zwischen zwei Teilstrichen ist (auf der Rückseite der Flasche angegeben), Zucker, Salz, einer mit Nelken besteckten halben
Zwiebel, Wacholderbeeren und Pfefferkörnern. Man läßt
den Essigsud einmal gut aufkochen, dann eine Viertelstunde
ziehen, wobei man erst in den letzten fünf Minuten ein kleines Lorbeerblatt dazugibt. Nach dem Erkalten wird die Flüssigkeit in die Schüssel mit der Senfmehl-Zuckermischung ge-
seiht und alles gut verrührt. Auch ein Eßlöffel frischgeriebe-
ner Kren wird daruntergemischt. – Es empfiehlt sich, etwa
einen Viertelliter des Essigstandes in einer verschließbaren
Flasche aufzuheben, wenn man den Senf nicht auf einmal
verbraucht. So kann man ständig den Flüssigkeitsverlust des
in einem Steingutgefäß gelagerten Senfs ausgleichen. Dieser
Hausmachersenf schmeckt anfangs sehr scharf, wird aber von
Tag zu Tag milder.

Süßsaurer Selleriesalat

1 mittlere Sellerieknolle	*Essig, Öl*
Salz, Zucker, Pfeffer	*(Schnittlauch)*

Der rohe Sellerie wird geschält und zu möglichst langen, gleichmäßigen Spänen aufgeraspelt. Man verwendet dazu ein grobes Rohkostreibeisen. Diese Späne kocht man in wenig Salzwasser knapp an, so daß sie noch bißfest bleiben. Man gießt sie ab und würzt sie nun mit reichlich Zucker, Salz, Pfeffer, Öl und Essig und läßt sie eine Weile ziehen. Man kann den Salat noch mit Schnittlauch bestreuen.

Erlanger Rote-Rüben-Salat

3–4 Rote Rüben	*Essig, Öl*
Salz, Zucker	*etwas Zwiebel*
etwas Kren	

Die Roten Rüben werden im Kartoffeldämpfer gegart oder in Salzwasser weichgekocht. Man schält sie und schneidet sie mit einem gezackten Messer in gleichmäßige Scheiben. Dann macht man sie mit Öl und Essig (nicht mit Wasser!) mit geriebenem Kren, reichlich Zucker, wenig Salz und feingehackter Zwiebel an und läßt sie eine Weile ziehen. Der Salat soll recht gut süß-herb schmecken.

Weißes Kartoffelgemüse

1 Pfund gekochte Kartoffeln	*Petersilie oder Kresse*
2–3 Eßlöffel Fett	*Salz*
2–3 Eßlöffel Mehl	*wenig Zucker*
Milch, etwas Senf	*Suppenwürze*

Die gekochten, kalten Kartoffeln werden geschält und aufgeschnitten. Dann bereitet man aus Fett und Mehl eine Einbrenne, gießt sie mit Milch und Fleischbrühe auf, würzt sie gut mit Salz, ganz wenig Zucker, Senf und Suppenwürze, kocht sie gut durch und gibt die Kartoffeln hinein. Sie müssen noch eine Weile mitziehen. Am Schluß gibt man feingehackte Petersilie oder Kresse darüber.

Gebackene Kohlrabi

3–4 große Kohlrabi	*Brösel*
etwas Mehl	*Salz*
1 Ei	*Backfett*

   Süßer Weißwurstsenf, Rezept Seite 63 ▷

Die Kohlrabi werden geschält und in knapp 1 cm dicke Scheiben geschnitten. Diese kocht man in Salzwasser weich und läßt sie gut abtropfen. Man wendet sie in Mehl, gesalzenem Ei und Bröseln und bäckt diese Scheiben in der Pfanne auf beiden Seiten goldbraun. Sie sind eine gute Beilage zu jeder Art von Braten.

Speckbohnen

1 Pfund grüne Bohnen	Bohnenkraut
100 g Speck	Salz, Pfeffer
1 Zwiebel	

Die geputzten Bohnen werden nicht kleingeschnitten, sondern in etwa 3 cm lange Stücke gebrochen und in Salzwasser gekocht. Man läßt sie abtropfen und dämpft inzwischen die feingehackte Zwiebel mit dem Speck durch, so daß sie hell anläuft. Dazu gibt man die Bohnen, würzt sie mit Salz nach, soweit notwendig, fügt Pfeffer, das feingehackte Bohnenkräutl oder Petersilie dazu und serviert rasch.

Saure Schweinsfüaßl

4 Pfund Schweinsfüaßl	1 Zwiebel
³/₄ Tasse Essig	1 gelbe Rübe
3 Eßlöffel Salz	1 Eßlöffel Mehl
1 Teelöffel Pfeffer	Wasser
3 Lorbeerblätter	4 Eßlöffel Schweinsblut

Schweinsfüaßl, wie man sie zur Knöcherlsulz hernimmt, setzt man entweder in Portionsstücke gehackt oder ganz in so viel Wasser zu, daß es davon bedeckt ist. Gewürzt wird mit Essig, Salz, Pfeffer und Lorbeerblättern. Außerdem kommen noch eine ganze Zwiebel und eine feinblättrig geschnittene gelbe Rübe in den Sud. Das alles muß so lange kochen, bis sich das Fleisch leicht von den Knochen lösen läßt, also mindestens 2 Stunden. Dann nimmt man die Füaßl heraus, entbeint sie (für Fiesler braucht man das nicht) und stellt sie warm. In den Sud verrührt man nun ein Mehlteigerl und das Schweinsblut und läßt ihn noch einmal kurz aufkochen. Dann ist die saure Soße, die sich jetzt braun gefärbt hat, fertig.

◁ Erdäpfelschnecken und Krautkrapfen, Rezepte Seite 70 und 78

Zusammen mit den nach Möglichkeit ausgebeinten Füaßln ergibt das ein billiges, aber wohlschmeckendes Gericht. Es wäre aber nicht vollständig, wenn als Soßenschlucker die Hauberlinge (siehe folgendes Gericht) fehlen würden, die sind nämlich nötig:

Hauberlinge

1½ Pfund Roggenmehl	*4 Eiweiß*
1½ Pfund Weizenmehl	*1 l Wasser*
30 g Hefe	*2 Eßlöffel Salz*
Milch	*1 Eßlöffel Kümmel*
Zucker	*Backfett*

Zuerst vermischt man das Mehl und stellt es warm, dann wird das Dampfel aus einem zerbröckeltem Hefewürfel, etwas lauwarmer Milch und einer Messerspitze Zucker hergerichtet. Wenn es 10 Minuten gegangen ist, kommt es in die Schüssel zum Mehl. Es wird gut verrührt mit noch vier Eiweiß und einem Liter lauwarmem Wasser, das man nach und nach zugießt. Gewürzt wird nur mit Salz und Kümmel. Wenn der Teig gut abgeschlagen ist, muß er an einem warmen Platz zugedeckt zwei Stunden gehen. Danach sticht man mit dem Eßlöffel etwa hühnereigroße Nudeln heraus und legt sie in die Pfanne mit heißem Fett, und zwar so, daß sie eine zusammenhängende und pappende Kette bilden. Die Hauberlinge dürfen nicht in Fett schwimmen; das Schmalz darf ihnen nur bis zum Nabel gehen. In eine mittlere Pfanne bringt man eine viergliedrige und zwei dreigliedrige Ketten hinein. Man übergießt sie auf der Oberseite mit dem Schmalz, damit sie gut aufgehen. Wenn sie auf der Unterseite schön braungebakken sind, kann man, wenn man geschickt ist, die Ketten als Ganzes wenden. Die Hauberlinge sind ein schweres Gebäck, aber sie gehören auch nicht, wie etwa die lockeren Krapfen, auf den Kaffeetisch, sondern als Soßenschlucker zu sauren Gerichten. Ein aufgerissener Hauberling sieht innen aus wie ein Wespennest oder wie eine Aneinanderreihung von Waben.

Gebackenes Kuheuter

oder: »Was der Bauer net kennt, dös frißt er net.«

Den Bauern interessieren die Milchdrüsen seiner Kühe nur, solange der weiße Strom fließt. Was hernach kommt, ist »dem Metzger sei Sach«. Und was tut der Metzger mit dem Busen von einst mehr oder minder glücklichen Kühen? Das Euter gilt als »Eingeweide« und kommt gelegentlich in den Laden, wo es entweder von Feinschmeckern oder Hundebesitzern gekauft wird. Verwurstelt wird es nicht. Das Kilo kostet zur Zeit (1977) 70 Pfennig, und der Preis dürfte jeder inflationären Tendenz standhalten, denn die Nachfrage ist minimal. So kommen Kenner fürwahr billig an ein delikates Schmankerl. Gebackene Kuheuter schmecken etwa wie die Backerl vom Kalbskopf oder wie panierte Milzwurst.

Bei den Fernsehaufnahmen für die »Abendschau-Schmankerlküche« in der »Wildbachklause« bei Nesselwang im Allgäu war zufällig der korsische Meisterkoch Giovanni Cavestri (»Weltmeister der Saucen«) zugegen. Als er erfuhr, daß wir die Zubereitung von gebackenem Kuheuter filmten, machte er sofort seine ursprüngliche Bestellung rückgängig und wartete gern und geduldig auf das »Fernseh-Gericht«. Mit ihm sogleich noch einige seiner Bekannten vom schwäbischen »Club der kochenden Männer«.

Inzwischen verfuhr der Koch nach folgendem Rezept: Das Kuheuter war bereits am Tag vorher mit viel Suppengrün 4 Stunden weichgekocht worden. Jetzt benötigte er an Zutaten eine Mischung aus

Salz	Für die Panade:
Pfeffer	Mehl, Ei, Semmelbrösel
Edelsüßpaprika	Backfett

Wichtig ist nur, daß das Euter wirklich weich ist. Dann schneidet man daraus Stücke in der Dicke wie Steaks, wendet sie in Mehl, Ei und Semmelbröseln und bäckt sie in der Pfanne auf beiden Seiten schön goldbraun. Angerichtet wird mit Endiviensalat, Paprika- und Zitronenschnitten; außerdem gibt's Kartoffelsalat.

Aber jetzt zurück zu Maitre Giovanni Cavestri, dem Weitgereisten, der überall da auftaucht, wo sich die Prominenz den Gaumen kitzeln läßt, der schon für Onassis, Kennedy, de Gaulle, Sophia Loren, Frank Sinatra (usw. usw.) kochte – ihm hat's geschmeckt. Und er erzählte anschließend begeistert von allerlei Zubereitungsarten des »Tétine de veau« (Kalbseuter) aus aller Welt: pikant als Zungenragout oder mit Sauce vinaigrette oder mit Knoblauchsoße oder naßgeräuchert (argentinisch). »Isch kann nicht verstehn«, sagte er, »warum das 'ier in Bayern ist nicht Specialité?« Ich gab zur Antwort: »Wos da Bauer net kennt, dös frißt er net!« Obwohl ich es auf bayerisch mit französischem Akzent sagte, verstand er das auch nicht.

Hirnbatzl

sind vom Daumen abgeschnellte und auf die Stirn des Gegners gezielte Schnalzer des Mittel- oder Zeigefingers. Kleine Buben, die noch kein Taschengeld haben, wetten beispielsweise um ein Hirnbatzl. In der Küche sind Hirnbatzl eine sehr schmackhafte Suppeneinlage. Man braucht dazu:

100 g Hirn	*etwas geriebene Zitronen-*
80 g Butter	*schale*
Salz, Pfeffer	*2 Eier*
Muskat, Knoblauch(salz)	*50 g Semmelbrösel*
2 Teelöffel gehackte	*Backfett, Suppe*
Petersilie	

Das Hirn (es muß nicht unbedingt Kalbshirn sein, auch das vom Rind und Schwein ist geeignet) wird zuerst in Essig-Salzwasser blanchiert und von allen Blutgerinnseln und Äderchen gereinigt. Dann rührt man Butter schaumig, gibt das feingewiegte Hirn hinzu und schlägt alles mit dem Schneebesen glatt. Die Masse wird mit den oben angegebenen Gewürzen abgeschmeckt, dann werden die Eier und Semmelbrösel mitvermengt. Diesen Teig läßt man einige Minuten quellen. Erst dann sticht man mit dem Teelöffel kleine »Batzl« heraus und bäckt sie in heißem Fett braun. Wetten wir um ein Hirnbatzl, daß eine Suppe mit diesen Einlagen gut schmeckt!?

Vom Feld

WER KLAUBT, WIRD MÜDE

Wenn auf ein »K« ein Mitlaut folgt, dann wird es wie ein »G« ausgesprochen. Wer diese Regel aus der bayerischen Grammatik kennt, antwortet auf die »dialektisch« gestellte Frage: »Was is dös Höchste beim Glaub'n?« nicht mit »der Himmel!«, sondern mit etwas in einem Kochbuch nicht Schreibbarem*. Beim Kartoffel »glauben« nimmt man eine ähnliche Stellung ein wie die Sprinter kurz vor dem Startschuß oder wie die Mohammedaner in der Moschee. Das aber stundenlang! Da tut einem am Schluß schon das »Greiz« weh. Heute gibt es in Bayern, vor allem im Gäuboden, viele Großbetriebe, bei denen die Kartoffelernte vollmaschinell erfolgt, aber ansonsten gilt immer noch die alte Methode, die den »Glaubenden« schmerzlich beweist, daß die Kartoffeln »Erd«äpfel sind. Aber weil man sich beim Essen nicht mehr bücken braucht, ist das wieder schnell vergessen!

Erdäpfel-Schnecken

Zum Teig:	Zur Füllung:
2 Pfund Kartoffeln	1/2 l süßer Rahm
250–300 g Mehl	5 Eier
2 Eier	1 Prise Salz
1 Teelöffel Salz	Backfett

Die gekochten Kartoffeln werden geschält und durch die Presse gedrückt. Erst nach dem völligen Erkalten siebt man ein halbes Pfund Mehl darüber, schlägt die Eier dazu und vermengt das Ganze mit den Händen, knetet gut ab und walgt den Teig messerrückendick aus. Dazu verwendet man das übriggebliebene Mehl. Aus dem Teigfleck radelt man 18 bis 20 cm lange und 4 cm breite Streifen aus, die man zwei- bis dreimal spiralenförmig um den Finger wickelt, so daß »Schneckenhäuser« entstehen. Diese stellt man nun aufrecht aneinander in die 1 cm hoch mit zerlassenem Bratfett gefüllte Reine. Dann brät man sie bei Mittelhitze 20 bis 25 Minuten

---

* 4 Buchstaben; ch = 1 Buchstabe

im Rohr. Inzwischen schlägt man aus Rahm, Eiern und einer Prise Salz die Füllung. Sie wird in die Hohlräume der Schnekkenhäuser gegossen; dann kommt das Ganze noch einmal eine knappe Viertelstunde ins Rohr. Wer will, kann das fertige Gericht überzuckern. Dazu paßt auch sehr gut Eingemachtes oder Kompott.

Schwäbische Baunzen

200 g Mehl	*Salz*
5 große Kartoffeln	*Butterschmalz*

Die Kartoffeln kocht man schon am Tag vorher. Sie werden kalt geschält und gerieben oder durch den Wolf gedreht. Zusammen mit dem Mehl und einer Prise Salz werden sie zu einem Teig geknetet, aus dem man fingerdicke Nudeln rollt. Genauso werden auch die altbayerischen Baunkerl oder die »Drahten Wichspfeiferl« der Oberpfalz zubereitet. Allerdings werden letztere sofort in der Pfanne in reichlich Butterschmalz auf beiden Seiten schön goldbraun herausgebacken und sind dann fertig.
Unsere schwäbischen Baunzen müssen vorher aber noch ein heißes Salzwasserbad nehmen (einmal aufkochen) und abtropfen, ehe sie in die Pfanne kommen.

Majoran-Kartoffeln

80 g Butter	*2 Pfund gekochte Kartoffeln*
1 Zwiebel	*Salz, Pfeffer*
80 g Mehl	*1 Schuß Essig*
1 Teelöffel Majoran	*¼ l süßer Rahm*
gut ¼ l Fleischsuppe	

Aus Butter, der feingehackten Zwiebel, Mehl und einem Teelöffel Majoran wird im Tiegel eine helle Einbrenne bereitet, die mit Fleischsuppe dicklich aufgegossen wird. Dahinein schneidet man die Kartoffeln in dünnen Scheiben und läßt alles einmal aufkochen. Gewürzt wird nach Geschmack mit Salz, Pfeffer und einem Schuß Essig. Erst zum Schluß, wenn das Gericht nicht mehr kocht, darf der Rahm eingerührt werden. Dazu passen gut Fleischpf(l)anzl.

Käskartoffeln

10 große Kartoffeln   *¹/₈ l Rahm*
400 g Emmentaler   *100 g Butter*
4 Eidotter

Die Kartoffeln werden in der Schale gekocht, halbiert und so weit ausgehöhlt, daß ein schmaler Kartoffelrand an der Schale bleibt. In einer Schüssel zerdrückt man das Kartoffelmark, vermischt es mit 300 g geriebenem Käs, den Eidottern, so viel Rahm, wie der Teig aufnimmt und ein paar Butterflocken. Diese Masse gibt man nun in die ausgehöhlten Kartoffelhälften, streut den Rest vom geriebenen Käs darüber, tut noch ein paar Butterflocken drauf und überbäckt das Ganze im Rohr.

Kartoffel-Dampfnudel

Aus dem Bayerischen Wald

Man siedet und schält die Kartoffeln und reibt sie warm. Zu 6 Loth Kartoffel legt man 4 Loth Butter, das man aber gleich thun muß, so lange die Kartoffel noch warm sind. Dann schlägt man 5 Eyer eines nach dem andern hinein. — Dann vermengt man 5 Loth Schmalz mit 3 Quart Milch und macht es so wie bey Dampfnudeln, aber nur, daß die Milch und Schmalz sieden muß. Dann thut man von dem Teig einen Löffel heraus und legt ihn gleich hinein, deckt es zu und läßt es braten, bis es Rammeln bekömmt und richtet es heiß an.

Rhön-Ziemer

2 Zwiebeln   *1 l Dickmilch*
150 g Grieben   *Salz, Kümmel*
2 Pfund Kartoffeln

Dieses Gericht setzt man in den Wirtshäusern der Rhön hungrigen Wanderern vor, wenn sie von ihren Tagesausflügen (zu Fuß) heimkommen. – Man zerstößt Salzkartoffeln und »schmalzt« sie mit in Grieben gebräunten Zwiebeln auf, würzt kräftig mit Salz und Kümmel (auch Majoran) und reicht saure Milch dazu.

Schneeball-Knödel

2 Pfund Kartoffeln	*1 Prise Salz*
4 Eier	*Backfett*
6 alte Semmeln	

Geschälte, in Salzwasser gekochte Kartoffeln läßt man gut abtropfen und drückt sie noch heiß durch die Presse. Mit den ganzen Eiern, den geschnittenen Semmeln (Knödelbrot) und einer Prise Salz werden sie zu einem Teig vermischt und daraus Knödel geformt. Diese legt man anschließend in eine gut gefettete Pfanne oder Bratreine, drückt oben jedem Knödel mit dem Kochlöffelstiel ein fingerkuppentiefes Loch ein (damit der Dampf entweichen kann) und bäckt sie 30 Minuten bei guter Mittelhitze im Rohr. Schneeball-Knödel sind in der Oberpfalz und im Bayerischen Wald eine beliebte Zukost zur Schwammerlsuppe.

Reibeknödel und Zwiebelspatzen

können hier ruhig in einem Atemzug genannt werden, denn die Zubereitung des Teiges geschieht auf die gleiche Art und Weise. In Bayern nennt man erstere »Räuber«- oder »Reiber«-Knödel; diese Dialektnamen haben aber nichts mit der geheimen Wertschätzung des verblichenen Räubers Kneißl noch mit der Verehrung der TV-Ansagerin Carolin Reiber zu tun. Sie heißen richtig »Reibeknödel«, weil man Kartoffeln mit dem Reibeisen aufreiben muß. Die Reibeknödel gehören zur Gans oder zum Schweinsbraten, die oberfränkischen Zwiebelspatzen sind ein sättigendes Essen für sich. Auch sonst ist noch ein »formaler« Unterschied: Die Bayern mögens rund, die Franken oval.

Reibeknödel:	*Zwiebelspatzen:*
3 Pfund rohe Kartoffeln	*4 Pfund Kartoffeln,*
1 Pfund gekochte Kartoffeln	*davon 2/3 roh, 1/3 gekocht*
Salz	*Salz*
1/4 l Wasser	*1/4 l Wasser*
1 Eßlöffel Mehl	*1 Teelöffel Schweineschmalz*
	4 Zwiebeln
	200 g Wammerl

Ins Wasser, in das man die rohen Kartoffeln reibt, gibt man einen Spritzer Essig, damit sich das Geriebene nicht braun färbt. Das Reibegut wird in einem Leinentuch oder im Kartoffelsäckchen fest gepreßt. Dann kommt es wieder in die Schüssel zurück, in der man beim Weggießen des Essigwassers das abgesetzte Stärkemehl aufgefangen und zurückgehalten hat. Die jetzt recht trockene Masse wird zerpflückt, sofort mit kochendem Wasser übergossen und verrührt. Dann kommen die gekochten und erkalteten Kartoffeln (am besten vom Vortag) hinzu, die entweder aufgerieben oder durch die Presse gedrückt wurden. Beide Teige werden gesalzen, gründlich vermischt und durchgearbeitet. Sollen Reibeknödel daraus werden, braucht man noch ein wenig Mehl dazu. Nun formt man mit nassen Händen entweder grießnockerlartige Spatzen, oder man entscheidet sich für die runde bayerische Nationalzukost. Spatzen wie Knödel werden in sprudelndes Salzwasser gegeben, worin man sie (Kochlöffel zwischen Topf und Deckel) 20–25 Minuten mehr ziehen als kochen läßt.

Bei den **Zwiebelspatzen** kommt noch einiges dazu. Während sie ihr Salzwasserbad nehmen, schneidet die Hausfrau das geräucherte Wammerl in Würfel, hackt die Zwiebeln klein und läßt einen Teelöffel Schweineschmalz in der Pfanne zergehen. In diese kommen sodann die Fleischwürfel, bis sie ganz heiß sind, dann werden darin noch die Zwiebeln braungeröstet. Den Inhalt der Pfanne schüttet man über die mit dem Kochwasser in tiefen Suppentellern angerichteten fertigen Spatzen, die nunmehr zu Zwiebelspatzen avanciert sind.

WARUM GIBT'S
KEINE »SECHZEHNRÜBEL«?

Ehrlich gesagt, das möchte ich auch gern wissen. In fast jedem Adreßbuch steht ein Siebzehnrübel drin, aber nie einer mit einem Rübel mehr oder weniger. Vielleicht ist der Name die Spottbezeichnung für einen Kleinstagrarier, dessen Anbaufläche bloß fürs Hasenfutter reicht. Fest steht, daß auf jeder

Rübe ein Kraut wächst, aber nicht jedes Kraut hat eine Rübe dran. Beim Oberpfälzer »Roumkraut« kann man das Kraut überhaupt nicht brauchen. Was unter dieser Bezeichnung auf den Markt kommt, sind geschnitzelte Rüben. »Kraut und Ruam« waren früher ein wesentlicher Bestandteil der Küche, und die meisten Rezepte beweisen aber auch, daß der bayerische »G'müszahn« ein fleischerner ist.

Oberpfälzer Roumkraut (Rübenkraut)

Es wird aus den sogenannten »Halmrüben« oder »Stoppelrüben« gemacht. Diese heißen so, weil sie erst nach der Getreideernte gesteckt werden. Im Spätherbst, kurz vor Allerheiligen, haben sie Rettichgröße erreicht, werden in »Kretzen« gesammelt und daheim weiterverarbeitet. Zum Krauteinmachen kommen immer Nachbarn und Bekannte in der Stuben zusammen, denn das Schälen, Waschen und Schwanzlabschneiden von den »Roum« ist verbunden mit Geselligkeit, Liedlsingen und Spaßlmachen. Die Schale kommt deshalb weg, weil sie Bitterstoffe enthält, ebenso der »Soicherer«, das ist das obere, grünliche Stück vor den Blättern. Das schätzt man ja auch beim Radi nicht. Nach dem Schälen werden die Rübchen wieder gewaschen und dann geschnitzelt. Die Schnitzel kommen dann auf den »Scharrboden«, der meist draußen im Hof steht. Auf einem Gestell ist etwa nabelhoch ein Bretterboden montiert und der Rand ebenfalls mit Brettern eingesäumt. Darauf werden die Schnitzel mit eigenen Krautmessern (sie sehen wie Bajonette aus) so fein gehackt, »bis sa si ballen«, also kleine lockere, flockige Knäuel bilden. Mitunter scharrt einer der Schnitzler das Ganze zusammen und wendet es. Daher auch der Name Scharrboden. Beim Zerkleinern lassen die Rüben natürlich Saft ab, der durch die Ritzen der Bretter wegfließt. Man trauert ihm auch nicht nach, denn er schmeckt scharf und heißt auf oberpfälzisch »'s Gsoichera«. Im Rübenfaßl wird dann das Endprodukt der Messerschlägerei mit Salz und Kümmel versetzt und eingestampft. Genauso, wie man Sauerkraut macht. Nach drei Wochen Gärzeit ist das Roumkraut so weit, daß man es hernehmen kann. Sehr beliebt ist »Roumkraut mit Wammerl« (das Fleisch wird darin gekocht). Dazu gibt's Salzkartoffeln und Nudeln. Wenn der frühere Landrat von Waldmünchen nur von weitem was läuten gehört hat, daß es irgendwo »Roumkraut« gibt, dann hat er jede Sitzung oder Besprechung abgebrochen und bloß mehr g'sagt: »Da mou i hi (da muß ich hin)!«

Schweinsfüaßl in Rübenkraut

4–5 Schweinsfüaßl   *Schnittlauch*
2 Pfund Rübenkraut   *1 Eßlöffel Mehl*
1/2 Zwiebel

Das Kraut gibt man mit etwas Salz, ganz wenig Zucker und einer halben, geriebenen Zwiebel mit den Schweinsfüaßln in den Topf, gießt etwas Wasser darauf und läßt alles zugedeckt langsam weichdünsten. Zuletzt wird das Kraut mit angerührtem Mehl leicht gebunden. Man serviert die Füaßl auf dem Kraut und streut Schnittlauch oder Petersilie und nach Belieben auch geröstete Zwiebelringe darüber. Dazu gibt's geröstete Kartoffeln.

Braunes Rübenkraut

1 Pfund fertiges Rübenkraut   *oder Butter*
2 Eßlöffel Zucker   *Salz, Petersilie*
2 Eßlöffel Schweinefett

Zuerst läßt man den Zucker in einem trockenen Topf braun schmelzen und gibt etwas Wasser, das Fett und die Rüben dazu. Sie sollen in dieser leicht aufgegossenen Zuckerbrühe schön zart weichdämpfen. Dann würzt man mit Salz und Pfeffer, Suppenwürze, Petersilie und nach Belieben auch noch mit einem kleinen Spritzer Essig nach. Die Rüben müssen recht süß schmecken. Sie passen besonders gut zu Gans und Ente, zu Schweinsbraten, aber auch zu Wild.

Fränkischer Krautsbraten

Dieses Gericht wurde bei einem Schaukochen in Bayreuth vom »Nordbayernkurier« preisgekrönt. Den Zutaten nach zu schließen, hätte man auf eine Zweizentnerköchin tippen mögen; zubereitet aber hat ihre Leibspeis eine Hausfrau, so dünn wie die Leopoldin.

1 Weißkrautkopf (1–2 Pfund)	*2 alte Semmeln in Milch*
2 Eßlöffel Schweineschmalz	*4 kleine Leberwürst*
2 große Zwiebeln	*1 Eßlöffel Kümmel*
1/2 Pfund Schweinefleisch	*1 Eßlöffel Majoran*
1 1/2 Pfund Hackfleisch	*Salz, Pfeffer*

Vom Krautkopf werden die äußeren Blätter entfernt. In Vierteln wird er dann in Salzwasser gedämpft und anschließend in passenden Stücken durch den Wolf gedreht.

In einem großen Kochtopf läßt man Schweineschmalz heiß werden, brät darin das kleinwürfelig geschnittene Schweinefleisch an und gibt die gehackten Zwiebeln hinzu, bis sie glasig sind. Bei kleiner Flamme kommen dann nacheinander das Hackfleisch, das in Milch eingeweichte und ausgedrückte Knödelbrot, das durchgedrehte Kraut und vier enthäutete Leberwürst (Bayreuth: »Siedwürst«) in den Topf. Alles wird gut vermengt und gewürzt. Dann wird der Teig in eine gut mit Schweineschmalz gefettete Reine gestrichen und mit Räucherspeckscheiben (nicht unbedingt nötig) abgedeckt. Die Masse wird bei starker Hitze im vorgeheizten Rohr angebraten, dann bei Mittelhitze eine knappe Stunde fertiggegart. Dabei muß der Teig ab und zu umgestochen und mit flüssigem Schweineschmalz übergossen werden. Der fränkische Krautsbraten ist wahrlich eine Mahlzeit für sich. Aber ein paar Stamperl Schnaps dazu tun gut!

Apfel-Sauerkraut

1 Pfund Sauerkraut	*Zitronensaft*
1 großer Apfel	*Butter oder Speck*
etwas Zucker	

Unter das Sauerkraut gibt man den geschälten und feingeriebenen Apfel, etwas Zucker, Zitronensaft und nach Belieben etwas kleingewürfelten Speck. Man läßt das Kraut nur kurz durchkochen. Der Apfel gibt genügend Bindung, so daß kein Mehl nötig ist. Es würde nur den Geschmack abstumpfen.

Krautkrapfen

Zum Teig:	Zur Fülle:
¾ Pfund Mehl	1 Pfund Sauerkraut
2 Eier	1 Zwiebel mit 2 Nelken
2 Eiweiß	1 Lorbeerblatt
½ Teelöffel Salz	200 g geräuchertes Wammerl
2 Eßlöffel Butterschmalz	Salz, etwas Wasser
3 Eßlöffel Wasser	

Aus den zuerst genannten Zutaten verknetet man einen feinen Nudelteig, den man eine halbe Stunde ruhen läßt. Nun schneidet man das Wammerl kleinwürfelig und kocht es mit Sauerkraut, Zwiebel und Lorbeerblatt. Dann wird der Teig noch einmal durchgeknetet, damit er recht geschmeidig wird. Man rollt ihn auf einem Tuch zu einem mehr länglichen als quadratischen dünnen Fleck aus und verteilt darauf gleichmäßig die Sauerkrautmischung. Die Zwiebel und das Lorbeerblatt nimmt man weg. Mit Hilfe des Tuches wird der Teig eingerollt, so daß eine »Wurst« entsteht. Davon schneidet man fingerlange Stücke ab, die man auf der Schnittfläche nebeneinander in einen gut ausgebutterten Topf stellt. Das Gefäß sollte so groß sein, daß es alle Krautkrapfen aufnehmen kann und nur kleine Zwischenräume entstehen. In diese gießt man etwa bis zur »Kniehöhe« der Krapfen Wasser, deckt den Tiegel zu und läßt das Gericht im Rohr bei leichter Hitze gut 20 Minuten dämpfen. Serviert wird im Topf. Falls beim Essen etwas übrigbleiben sollte: diese Krautkrapfen lassen sich später in der Pfanne mit Schmalz aufwärmen.

Wann d' Blattln fall'n

RUND UM D'HOLLERSTAUERN

Von der Hollerstauern hat man das ganze Jahr etwas. Im Frühjahr locken die weißen Blüten nicht nur die Bienen an, sondern auch die Köchinnen, die aus den Dolden die so aromatischen Hollerküachln zubereiten, ganz zu schweigen von dem herrlich prickelnden Hollersekt. Im Herbst, wenn die Beeren reif sind, gibt's das gute Hollermus, oder man setzt sich den schweren, tiefschwarzen Hollerwein an. Die Hollerstauern ist aber nicht nur Küchenlieferant, sie gilt als lebende Hausapotheke. Die Blätter liefern schweißtreibenden Tee, ein Absud aus den Wurzeln soll schlank machen und gut für Nierenspülungen sein. Die Innenseite der Rinde, sagt man, lindere Brandwunden. Das Hollermark benützten früher die Uhrmacher zum Reinigen ihrer empfindlichen und winzigen Räderwerke und Federn. Und wer sich einst als Bub nicht ein Pfeiferl aus den Ästen geschnitzt hat, der ist nicht auf dem Land aufgewachsen.

Die Hollerstauern gehörte (und gehört auch heute noch) einfach zum Bauernhaus, genau wie der Wurzgarten, ein paar Obst- und Nußbäume und Haselnußsträucher. Auch der Weinstock klettert da und dort noch am Spalier hoch. Die Köchinnen können jetzt im Herbst ganz aus dem vollen schöpfen, denn es ist praktisch alles da. Man kann um diese Zeit den Speisezettel besonders abwechslungsreich gestalten.

Terlaner Weinsuppe

3 Eidotter	*2 Semmeln*
1/8 l Weißwein	*Butter*
1/8 l süßer Rahm	*1 Teelöffel Zimt*
1/2 l Fleischsuppe	

Diese kalorienreiche Vorspeise verdankt ihren Namen einem Südtiroler Wein. Man kann das Gericht aber auch bei uns mit jedem anderen milden Weißwein zubereiten. Eidotter, Weißwein und der süße Rahm werden in einer Schüssel gut verrührt. Dann gießt man die Fleischbrühe dazu und verquirlt alles. Jetzt kommt die Masse in den Topf und wird auf den Herd gestellt. Dort darf die Suppe unter fleißigem Um-

Bamberger Zwiebel und Rindsrouladen im Porree-mantel, Rezepte Seite 85 und 86 ▷

rühren nur heiß werden, keinesfalls kochen! In der Pfanne röstet man Semmelwürfel in Butter an und bestäubt diese mit Zimt. Wenn das Gewürz eingezogen ist, gibt man den Inhalt der Pfanne in die Teller zur Suppe.

Hollersuppe

1 l Wasser	*150 g Butter*
2 Pfund Hollerbeeren	*150 g Mehl*
½ l Rotwein	*150 g sauren Rahm*
1 Prise Salz	*1 alte Semmel*
1 Prise Zucker	*Backfett*
5 Gewürznelken	*1 Prise Zimt*
½ Stange Zimtrinde	

Wasser, frische, gewaschene und reife Hollerbeeren, Rotwein, Salz, Zucker, Nelken und die Zimtrinde werden zwanzig Minuten gekocht. Während dieser Zeit bereitet man eine helle Einbrenne aus Butter und Mehl und gießt den durchpassierten Sud dazu. Man verrührt das Ganze schnell mit dem Schneebesen, läßt es einmal kurz aufkochen und zieht dann den Rahm darunter. Damit ist die Suppe fertig. Sie wird noch mit Salz und Zucker abgeschmeckt. Für die Garnierung röstet man Semmelwürfel in etwas Fett, vermengt sie mit einer Prise Zimt und gibt sie über die angerichtete Suppe.

Hollermus

Reifer Holler	*Zucker*
einige Zwetschgen	*1 Zitrone*
2–3 Birnen	*Stärkemehl*

Der gut gewaschene, abgezupfte Holler wird mit den kleingeschnittenen Zwetschgen und Birnen, Zucker und Zitronensaft sowie dem nötigen Wasser gut durchgekocht. Man kann das Mus mit angerührtem Mehl oder Stärkemehl leicht eindicken. Es wird dann noch einmal abgeschmeckt.

Hollerwacker

»Wacker« oder »Wagger« nennt man im Bayerischen Wald Gerichte, die ein Mittelding zwischen Pfannkuchen und Auflauf darstellen.

◁ *Türteln, Rezept Seite 99*

½ Pfund Mehl	Holler
¼ l Milch	einige kleingeschnittene
3–4 Eier	Zwetschgen
Zucker	Backfett

Das Eiweiß der Eier wird zu sehr steifem Schnee geschlagen. Dann bereitet man aus Mehl, Milch, den Eidottern, Salz, etwas Zucker und dem Eischnee einen schaumigen Pfannkuchenteig, den man in eine Reine mit reichlich und sehr heißem Fett gießt. Der Teig muß zischen, wenn er hineinkommt. Darauf gibt man die abgezupften, mit den Zwetschgen vermischten und gut durchgezuckerten Hollerbeeren. Der Wakker wird im Rohr bei sehr guter Hitze ausgebacken und dann noch einmal mit Zucker überstreut.

Schwarzbrot-Auflauf

3 Eidotter	100 g Rosinen
3 Eiweiß	2 Stamperl Rum
150 g Zucker	etwas Zitronenschale
250 g Schwarzbrotbrösel	1 Päckchen Vanillinzucker
100 g geriebene Nüsse	Fett für die Form

Die Eidotter werden mit Zucker schaumig gerührt, dann vermengt man damit nacheinander die übrigen Zutaten: zu Bröseln geriebenes altes Schwarzbrot, Hasel- oder Walnüsse, Rosinen, Rum, geriebene ungespritzte Zitronenschale und Vanillinzucker. Zum Schluß wird der sehr steif geschlagene Eischnee daruntergehoben. Man füllt die Masse in eine gut ausgefettete Form und läßt sie im vorgeheizten Rohr bei 180 Grad 30 bis 40 Minuten backen.

Gefüllte Dalken

1 Pfund Mehl	3–4 Eßlöffel Butter
20 g Hefe	Zwetschgenmus
2 Eier	oder Marmelade
etwas Milch	Backfett
3–4 Eßlöffel Zucker	

Aus Mehl, der aufgelösten Hefe (die schon etwa 10 Minuten gegangen ist), den Eiern, Butter, Milch, Zucker und Salz bereitet man einen knetbaren Hefeteig, der dicklich ausgewellt wird. Man schneidet viereckige Stücke davon ab, bestreicht sie mit Butter und füllt in die Mitte etwas Zwetschgenmus oder Marmelade. Dann zieht man die vier Ecken in der Mitte zusammen und gibt die Fleck auf ein gefettetes Backblech oder noch besser in eine gefettete Bratreine, streut Zucker darüber und bäckt sie im Rohr goldbraun.

Reispf(l)anzl

Kalter gekochter Reis	*Salz, Pfeffer, Muskat*
1–2 Eier	*Backfett*
1–2 Eßlöffel Mehl	

Wenn eine größere Menge Reis übriggeblieben ist, soll man nicht unglücklich sein, sondern zu einem saftigen Braten schöne Reispf(l)anzl bereiten. Der Reis wird mit wenig Mehl, Eiern und den Gewürzen kurz durchgerührt. Dann formt man gleichmäßige Pf(l)anzl davon, die in der Pfanne auf beiden Seiten goldgelb gebacken werden. Sie sind eine sehr gute Beilage zu allen soßigen Gerichten und saftigen Braten.

Schwarzplentene Knödel

sind eine Spezialität aus Südtirol. Dort nennt man den Buchweizen »Schwarzplenten«. Bei uns kann man Buchweizen im Reformhaus kaufen. Wenn bei diesem Rezept einige Mengenangaben nur im »gehäuften Eßlöffelmaß« angeführt sind, so liegt das an der Köchin vom Berggasthof in Radein, die mehr vom Augenmaß als von der Waage hält. Sie hat für diese speziellen Tiroler Speckknödel hergenommen:

2 Eßlöffel Butter	*12 Eßlöffel*
4 Eßlöffel gewürfelten	*Schwarzplentenmehl*
Räucherspeck	*1 Eßlöffel Weizenmehl*
8 Eßlöffel Brotwürfel	*Grünzeug der Saison*
2 Eier	*Salz, Wasser*

Zuerst läßt man in der Pfanne die Butter zergehen und gibt dann den kleingewürfelten Speck dazu. Wenn er gut angeröstet ist, kommen die Hausbrotwürfel hinein, die schön braun werden müssen. Den Inhalt der Pfanne gibt man in eine

Schüssel. Dort verarbeitet man noch zwei Eier, das Mehl und eine Untertasse voll feingewiegtes Grünzeug der Saison (z. B. Zwiebelrohr, Porree, Petersilie, Sellerie). Gewürzt wird nur mit Salz. Man braucht so viel lauwarmes Wasser (ungefähr 1¹/₂ Kaffeetassen), daß ein lockerer, keinesfalls zu fester Teig entsteht. Mit nassen Händen werden Knödel geformt, die zwanzig Minuten in Salzwasser gekocht werden müssen. – Schwarzplentene Knödel passen gut zu Gulasch.

Bauernschöpsernes mit Krautspecksalat

1200 g Schaf- oder	*Rosmarin, Salbei*
Hammelfleisch	*Pfeffer, Estragon*
6 große Kartoffeln	*Edelsüßpaprika, Salz*
4 gelbe Rüben	
2 Zwiebeln	*Zum Salat:*
50 g Öl	*¹/₂ Weißkrautkopf*
50 g Mehl	*1 Spritzer Essig*
¹/₈ l Rotwein	*Öl, Wasser*
³/₄ l Wasser oder Suppe	*1 Prise Salz*
	100 g Räucherspeck
Zur Würze:	*¹/₈ l Essig*
1 Lorbeerblatt	

Dieses Südtiroler Eintopfgericht hat ein wenig Ähnlichkeit mit unserem Pichelsteiner. Man läßt im Tiegel die feingehackten Zwiebeln glasig werden (hier in Öl), gibt dann das in große Stücke geschnittene Fleisch dazu und röstet das Ganze 10 Minuten an. Danach würzt man mit einigen zerdrückten Pfefferkörnern, einem zerriebenen Lorbeerblatt, einer Winzigkeit grünem Salbei und etwas Estragon. Wer noch gehacktes Selleriekraut oder ein klein wenig von der Knolle hinzutut, macht keinen Fehler. Wenn alles gut verrührt ist, wird mit Mehl bestäubt und kurz weitergeröstet. Abgelöscht wird mit Rotwein. Dann kommt das Wasser (oder Fleischsuppe) in den Tiegel und das Gericht muß eine Stunde kochen. Erst danach werden die würfelig geschnittenen Kartoffeln (Achtel) und die gelben Rüben in Scheiben dazugetan. Nach weiteren 20 Minuten Kochzeit wird das Bauernschöpserne mit Salz und Paprika abgeschmeckt. Dazu gibts in Südtirol einen raffinierten **Krautspecksalat.** Man braucht einen halben Weißkrautkopf, den man fein gehobelt hat. Daraus bereitet man mit Wasser, einem Spritzer Essig, einer Prise Salz und etwas Öl einen leichten Salat. Dann schneidet man 100 g hellgeräucherten Speck kleinwürfelig und röstet die Speckbröckerl rösch in der Pfanne. Sie werden mit Essig abgelöscht und der Pfanneninhalt wird zum Salat geschüttet und verrührt.

Bamberger Zwiebel

4–6 große längliche Zwiebeln	*1 Messerspitze Thymian*
1 Pfund rohes Wammerl	*1 Messerspitze Knoblauchsalz*
60 g geräuchertes Wammerl	*½ Zitronenschale*
60 g Schweinespeck	*gehackte Petersilie*
2 aufgeweichte Semmeln	*2 Eier*
Salz, Pfeffer	*1 Eßlöffel Schweineschmalz*
1 Teelöffel gemahlener	*⅛–¼ l Fleischbrühe*
Kümmel	*⅛ l Rauchbier*
1 Teelöffel ungemahlener	*(oder dunkles)*
Kümmel	*4–6 kleine Speckscheiben*

Das obere Viertel jeder Zwiebel (Kapperl) wird abgeschnitten. Dann schält man so viel Mark aus dem »Unterleib«, daß eine feste Hülle bleibt. Auch den dunklen Wurzelboden schneidet man weg, so daß unten ein kleines Loch entsteht und die Zwiebel eben wird. So kann man sie später gut in den Topf stellen.
Für die Füllung dreht man zweimal durch den Wolf: das rohe und das geräucherte Wammerl, den Schweinespeck, das Zwiebelmark und zwei aufgeweichte und gut ausgedrückte Semmeln. Diese Masse wird gewürzt mit Salz, vermischtem Kümmel, Pfeffer, Thymian, Knoblauchsalz, geriebener Zitronenschale und frischgehacktem Petersilkraut. Außerdem werden noch zwei Eier unter die Füllung gearbeitet. Die ausgehöhlten Zwiebeln werden nun innen mit Salz, Pfeffer und gemahlenem Kümmel eingerieben, dann das Brät satt eingefüllt. In der Bratpfanne läßt man gut bodenverdeckt etwas Schweineschmalz aus und setzt die Zwiebeln, mit ihren »Kapperln« bedeckt, nebeneinander hinein. Man untergießt sie, damit sie nicht anbrennen, mit fetter Fleischbrühe. Dann kommen sie 40 Minuten ins vorgeheizte Bratrohr (gute Mittelhitze).

Gegen Ende der Garzeit bereitet man die Soße. Sie wird aus dem Fond der gedämpften Zwiebeln gezogen und mit einem Schuß Rauchbier abgerundet. Die Zwiebeln werden mit Kartoffelpüree angerichtet. Zwischen Kapperl und Füllung kommt noch eine röschgebratene, dünne Speckscheibe.

Rindsrouladen im Porreemantel

Da in allen Kochbüchern die essenden Menschen in Personen eingeteilt und ihrer meist vier sind, wollen wir hier nur insofern eine Ausnahme machen, als bei diesem Rezept eine Roulade für zwei Personen reicht. Sie wird nämlich zum Schluß halbiert. Für vier Esser müssen Sie also die doppelten Mengenangaben rechnen.

1 Stange Porree
1 Roulade (180–230 g)
Salz, Pfeffer

6 grüne Pfefferkörner
1 Prise Majoran
1 Eßlöffel gehackte Petersilie

Für die Fülle:
1 Teelöffel scharfer Senf
1 Teelöffel Kren
1 Essiggkurke
30 g Speck
½ Zwiebel

Zur Soße:
½ Zwiebel
1 kleine gelbe Rübe
1 Stück Sellerieknolle
Fleischbrühe
1 Buttermehlkugel

Das auf dem Arbeitstisch ausgebreitete Fleisch wird gesalzen, gepfeffert und mit einem Gemisch aus scharfem Senf und frischgeriebenem Kren bestrichen. Darauf legt man eine kleine Essiggurke und eine dünne Speckscheibe in Streifen sowie eine halbe Zwiebel in Ringen. Dazwischen streut man grüne Pfefferkörner, eine Prise Majoran und gehackte Petersilie. Nun wird das Fleisch zur Roulade gerollt und außen mit Salz und Pfeffer eingerieben. Bevor das Fleisch in den Tiegel kommt, wird es in blanchierte Porreeblätter eingewickelt, und dieser »Mantel« mit Spagat festgebunden. Nach kurzem, allseitigem Anbraten wird aus obigen Zutaten die Soße zubereitet, die mit Fleischbrühe aufgegossen und mit einer Buttermehlkugel sämig gemacht wird. – Und wie bei fränkischen Rezepten üblich, gehört, wo es paßt, auch ein Schuß einheimischen Weins hinein. Hier paßt ein roter.

Hirtenrolle

Sie paßt für »draußt« und »drinn«, denn sie wird so zubereitet, daß sie ebensogut heiß wie kalt gegessen werden kann. Das Rezept ist für zwei Personen.

2 Rouladen vom Rind	*4 Scheiben Schinken*
2 gelbe Rüben	*2 gekochte Eier in Achteln*
(der Länge nach geviertelt)	*Salz*
1 Zwiebel in Ringen	*Pfeffer*
200 g frischer Blattspinat	*Rindfleischbrühe*

Die zwei Rouladen werden an der Breitseite so aneinandergelegt, daß sie etwas (2 cm) überlappen. Dann klopft man die übereinanderliegenden Seiten mit dem Fleischklopfer zusammen und würzt mit Salz und Pfeffer. Die ganze Roulade wird wie folgt belegt: Zuerst den Blattspinat darauf ausbreiten, dann in regelmäßigem Abstand die Streifen der gelben Rüben, dazwischen die Eierachtel und Zwiebelringe und die Schinkenstreifen. Sehr aromatisch schmeckt die Rolle, wenn man etwas grünen Pfeffer oder frischgehackte Petersilie darüberstreut. Man soll darauf achten, daß die Zutaten parallel zu der Fleischnaht gelegt werden. Nun wird die so vorbereitete Roulade von der schmalen Seite her fest zusammengerollt und mit Spagat wie Schinken oder Rollbraten gebunden. Die Rolle kommt nun in den Bräter und wird mit der Fleischbrühe übergossen, so daß sie bis zu dreiviertel im Sud liegt. Die Brühe würzt man noch mit etwas Salz und einem Lorbeerblatt, eventuell auch noch mit einer Zwiebel, die man mit einer Nelke besteckt hat. Das Gericht muß im Rohr bei Mittelhitze eine Stunde garen. Der Topf bleibt dabei verschlossen. Wird die Rolle heiß gegessen, nimmt man das Fleisch aus dem Sud, läßt es etwas abkühlen und schneidet davon dicke Scheiben. Sie werden mit Rotwein-, Senf- oder Kräutersoße übergossen und mit Knödeln und Kartoffelbrei serviert. – Nimmt man die Rolle mit zum Wandern, oder will man sie überhaupt kalt essen, läßt man sie im Sud abkühlen. Dann legt man sie auf ein Brett, stürzt einen Teller darauf und beschwert diesen mit einem Gewicht. So kann der Saft langsam heraustreten.

Schwäbische Bauernkoteletts

2 Pfund Kartoffeln	4 dünne Schinkenscheiben
Bratfett	3 Eier
1 Zwiebel	½ Tasse saurer Rahm
4 Koteletts (Schwein, Kalb)	2 Eßlöffel gehackter Schnitt-
Salz, Pfeffer	lauch oder Petersilie
Mehl zum Wenden	50 g geriebener Käse

Zuerst die Zwiebel in Ringe schneiden und bräunen. Dann die am Vortag gekochten Kartoffeln in die Reine schnitteln und zu Bratkartoffeln machen, die man mit den gebräunten Zwiebelringen überstreut.

Die Koteletts würzt man mit Salz und Pfeffer, wendet sie in Mehl und bäckt sie in der Pfanne goldbraun. Im gleichen Fett röstet man sogleich danach 4 dünne Schinkenscheiben an. Man gibt die Koteletts zu den aufgezwiebelten Bratkartoffeln in die Reine und bedeckt sie mit den Schinkenscheiben.

Dann verschlägt man drei Eier mit saurem Rahm, würzt mit Salz, Pfeffer und gehacktem Grünzeug und übergießt damit den Inhalt der Bratreine. Darüber wird noch geriebener Emmentaler gestreut und das Ganze im Rohr goldbraun überbacken.

Kirchweih

ZWEI KOMISCHE VÖGEL

Der erst ist die Gans. Der alte Wimmer z' Brunnöd hat sie sogar einen »saudummen Vogel« genannt. Denn: »Für oan is a Gans z'viel, und für zwoa is er z'weng!« Ja, die Leut' früher haben noch essen können! Einen ausgewachsenen Truthahn haben aber zwei nicht geschafft. In alten Kochbüchern wird der Truthahn stets »Indian« genannt, der »indische Vogel«, obwohl er aus Amerika stammt. Kolumbus hatte ja geglaubt, er habe damals den Seeweg nach Indien entdeckt. Der Indian wurde anfangs bei uns in der Küche wie eine Gans behandelt, nämlich als Ganzes gebraten. Beim Essen hat sich dann jeder seinen Lieblingsbissen abgeschnitten. Gans und Truthahn sind begehrte Gerichte zur Kirchweih (3. Sonntag im Oktober). Um diese Zeit ist die Gans noch nicht zu fett und der Truthahn nicht allzu groß.

Gansbraten

und nicht Gänsebraten, weil es sich bei diesem Rezept nur um eine einzige Gans handelt, dafür aber um eine schwere niederbayerische, ehemals freilaufende, körndlgefütterte.

1 Gans	*1 Sträußl Petersil*
Salz, Pfeffer	*1 Zwiebel*
4 Kartoffeln	*³/₄–1 l Wasser*

Die ausgenommene Gans wird innen mit Salz und Pfeffer eingerieben, außen aber nur gesalzen. Bei sehr großen und fetten Tieren sollte man das schon am Tag vorher tun. Eine sehr gute und praktische Füllung besteht aus rohen, geviertelten Kartoffeln, vermischt mit feingehackter Petersilie, die man der Gans in den Bauch schiebt. Die Kartoffeln saugen Fett an, so daß davon nicht allzuviel in die Soße geht. Und wer keinen Reibeknödel mag, kann sich an diese köstlich schmeckenden Petersilkartoffeln halten.
Die zugesteckte oder zugenähte Gans wird mit der Brustseite nach unten in die Reine oder in den Bräter gelegt; als Wegzehrung für ihre dreistündige Schwitzkur im bereits vorgeheizten Rohr kriegt sie nur ein paar Zwiebelviertel und einen hal-

ben Schöpflöffel voll heißes Wasser mit. Die ersten zwei Stunden gart man die Gans bei guter Mittelhitze; dabei muß man immer wieder mit heißem Wasser auffüllen und den Braten mit der Soße übergießen. Das Ende der Garzeit kündet sich dadurch an, daß sich das Fleisch von den Knochen zurückzieht; eine eingesteckte Gabel leistet beim Herausziehen nur noch geringen Widerstand. Jetzt muß man die Gans in der Reine umdrehen und die Brust (des Vogels natürlich) mit kaltem Wasser beträufeln. Das gibt eine rösche Haut, zumal die Ofenhitze gleichzeitig höhergeschaltet wird. Nach einer Viertelstunde wird die Gans wieder gewendet und auch die Oberseite mit kaltem Wasser überzogen. Es erfolgt noch ein Hitzestoß von 10 Minuten, und dann ist's zum Essen.

Truthahn

Seitdem dieser Vogel bei uns heimisch geworden ist und sich auf den Bauernhöfen oder in eigenen »Putenfarmen« aufplustert, hat man bald erkannt, daß der Truthahn »mehrerlei Fleisch« besitzt, das man ganz speziell zubereiten sollte. Und wenn man bedenkt, daß der Hahn (Puter) zwanzig Pfund schwer werden kann und seine Frau, die Henne (Pute), bis zu sechzehn Pfund, dann tritt für die Hausfrau folgendes Problem auf: Entweder ist der Vogel zu groß oder das Ofenloch zu klein! Die folgenden drei Rezepte bringen da Abhilfe. Ein einziger Truthann wird so aufgeteilt, daß das Fleisch jeweils in eine handelsübliche Reine, in einen großen Tiegel und in die Bratpfanne paßt. Zuerst gibt's einen

Truthahn-Rollbraten

1 ausgelöster Truthahn
Butter zum Bestreichen
100 g geräuchertes Wammerl
Suppe aus den Knochen

Zur Fülle:
3 Eier
4 Semmeln
100 g Champignons
1 grüne Paprikaschote

100 g gekochter Reis
3 Tomaten
(oder Mark)

Zur Soße:
1/4 Tasse Mehlwasser
2 Eßlöffel saurer Rahm
2 Teelöffel scharfer Senf
1 Schuß Weißwein
Salz, Pfeffer

Der Truthahn wird ausgelöst. Die Filets, Keulen, Flügel und den Kragen hebt man sich für die nachfolgenden Gerichte auf. Aus den gehackten Knochen wird eine Suppe gekocht. Für die Fülle des Bratens verwendet man feingeschnittene und abgerindelte alte Semmeln, die man in Wasser oder Milch eingeweicht und ausgedrückt hat. Hinzu kommen drei ganze Eier, blättrig geschnittene Champignons oder auch andere Schwammerl, eine gehackte grüne Paprikaschote, Reis und das Ausgedrückte von drei Tomaten.

Das Truthahnfleisch wird auf dem Arbeitstisch ausgebreitet, dann gibt man in die Mitte die Fülle, schlägt das Fleisch darüber und umwickelt es gut mit Faden. Die Unterlage in der Reine ist Räucherspeck, entweder in dünnen Scheiben, Streifen oder in Würfeln. Vor dem Einlegen wird der Vogel fest mit Butter bestrichen. Er muß etwa 1½ Stunden braten. Dabei soll man ab und zu mit der Knochensuppe aufgießen und den Braten öfter mit Butter bestreichen. In der letzten Viertelstunde der Garzeit wird in der Reine die Soße fertiggemacht, und zwar mit Mehlwasser, saurem Rahm, scharfem Senf, einem Schuß Weißwein und Salz und Pfeffer.

Truthahn-Ragout

Flügel, Kragen
Innereien (außer Lunge)
Blut (falls aufgefangen)
50 g geräuchertes Wammerl
Knochensuppe

¼ Tasse Mehlwasser
(ganz wenig Mehl)
3 Eßlöffel saurer Rahm
1 Schuß Rotwein
Salz, Pfeffer
Edelsüßpaprika, Zucker

Die Fleisch- und Knochenteile werden in mundgerechte Stücke geschnitten bzw. gehackt, auf gewürfeltem Räucherspeck angebraten und, sobald nötig, mit Knochenbrühe aufgegossen. Wenn vorhanden, gehört auch das Blut ins Ragout. Das Ganze muß – stets leicht mit Flüssigkeit bedeckt – etwa eine Stunde schwach kochen. Erst anschließend darf man die Leber dazutun, weil sie sonst hart werden würde. Zum Schluß wird die Soße mit Mehlwasser angedickt und danach (nicht mehr kochend) mit Sauerrahm und einem Schuß Rotwein verfeinert. Abgeschmeckt wird mit Salz, Pfeffer, süßem Paprika und Zucker. – Die wenigste Arbeit machen die

Truthahn-Filets

oder Schnitzel. Sie werden im Tiegel auf Räucherspeckscheiben allseits gut angebraten und mit etwas Knochenbrühe aufgegossen. Nach einer knappen halben Stunde rührt man noch ein wenig Mehlwasser und Sauerrahm darunter und läßt dies am Herdrand 5 Minuten einziehen. Die Schnitzel bringen einen derart delikaten Eigengeschmack mit, daß sich jegliches Würzen erübrigt.

SCHMALZBACHERNES

»Dafaide Eröpfö«

werden in Bayern so und nicht anders ausgesprochen. Nach der Schreibe hießen sie »verfaulte Kartoffeln«, und solche gibt man hierzulande nicht einmal den Säuen zum Fressen. Wer unbedingt den Unterschied zwischen dafaiden Eröpfön und verfaulten Kartoffeln herausbringen möchte, soll halt in beide hineinbeißen. Was man sofort wieder ausspirzt (unzerkaut von sich gibt), sind die letzteren. Dafaide Eröpfö aber läßt man sich gut zum Kaffee schmecken; sie sind ein Rottaler Schmalzgebäck mit einer besonderen Füllung.

¹/₄–¹/₂ L Milch	*Zur Füllung:*
1 Teelöffel Zucker	*¹/₂ Pfund Dörrzwetschgen*
30 g Hefe	*50 g Zimtzucker*
1¹/₂ Pfund Mehl	
50 g Butter	*Zur Panade:*
1 Ei	*2 Eier oder*
1 Prise Salz	*flüssiger Pfannkuchenteig*
	Zum Bestreuen:
	Zimtzucker

In gut ¹/₄ l lauwarmer Milch löst man einen Teelöffel Zucker und die zerbröckelte Hefe auf, bis sie nach oben steigt und ein Häutchen macht. Die Hälfte dieser Flüssigkeit gießt man nun in eine Schüssel mit dem Mehl, in das man in der Mitte eine kleine Grube gedrückt hat. Dann rührt man ein wenig Mehl an die Hefemilch, gießt die restliche Flüssigkeit nach, rührt wieder Mehl zu und läßt den Kochlöffel immer weitere Kreise ziehen, bis die zerlassene Butter, das Ei und das Salz mit dem Mehl vermengt sind. Der Teig wird tüchtig abgeschlagen, bis er Blasen wirft und sich von der Schüssel löst. Ist er zu fest geworden, kann man mit Milch ausgleichen. Jetzt muß er unbedingt eine gute halbe Stunde an einem warmen Ort zugedeckt ruhen.

Diese Pause tut ihm derart wohl, daß er dabei fast um das Doppelte wächst. Dann sticht man mit einem Eßlöffel grießnockerlgroße Nudeln aus dem Teig, drückt sie mit bemehlten Händen auf bemehltem Brett rund, zieht sie ein wenig auseinander, gibt in die Mitte einen Teelöffel voll von der Füllung, schlägt die Teigfleck' darüber, drückt an und formt so kartoffelähnliche Gebilde, wobei eines dem andern nicht unbedingt gleichsehen muß. Die gefüllten Teignudeln versammeln sich nun noch einmal eine Viertelstunde unter einem Tuch, bevor sie nacheinander ihr heißes Schmalzbad in der Pfanne nehmen. Dort darf man sie nicht mehr aus dem Auge lassen. Manche drehen sich zu früh und von selbst um (wenn durch die Füllung z. B. der »Schwerpunkt verlagert« ist); daher muß man darauf achten, daß alle Schwimmer gleichmäßig gebräunt den Fettnapf verlassen. Besonders schön gehen sie auf, wenn man gleich nach dem Einlegen die helle Oberseite mit dem Löffel mit heißem Schmalz übergießt. Nach dem Herausnehmen werden die Gebäckstücke nacheinander in verkläpperten Eiern oder in einem sehr dünnflüssigen Pfannkuchenteig gewendet und wieder, aber diesmal nur ganz kurz, ins heiße Schmalz getan. Und jetzt sehen sie wirklich angefaulten Kartoffeln ähnlich. Die Füllung schimmert dunkel durch, sie ziehen Fäden, grad so als ob alte Erdäpfel junge Triebe kriegen würden. Aber diese würde man nicht in Zimtzucker wälzen, das tut man nur mit unseren dafaiten Eröpfön.

Zur Füllung sei noch bemerkt: Rottaler Bäuerinnen und Wirtinnen kochen entkernte gedörrte Zwetschgen auf und mischen dieses Mus mit Zimtzucker. Man kann aber auch fertige Zwetschgenmarmelade mit Zimtzucker verwenden, da spart man etwas Arbeit.

Hasenöhrl

müßte man mit »Hasenöhrchen« ins Hochdeutsche und als »Löffelchen« in die Jägersprache übersetzen. Aber sie haben mit den Hörapparaten vom Mümmelmann nur die Form gemeinsam. Es ist zwar schon manchmal vorgekommen, daß hinterfotzige niederbayerische Waidmänner ihren norddeutschen oder amerikanischen Jagdgästen echte Hasenohren heimlich ins Ragout geschnitten haben, die von denen mit Appetit verspeist oder aus Höflichkeit geschluckt wurden. Bayerische Konsumenten aber essen Hasenöhrl nur als Schmalzgebäck zum Kaffee. Es gibt dafür mehrere Rezepte. Mir persönlich haben die Hasenöhrl von der alten Nöhbäuerin aus Loderham im gesegneten Rottal am besten geschmeckt. Daher sollen sie hier auch an erster Stelle stehen.

1 Pfund Mehl　　　　　*1 Ei*
Salz　　　　　　　　　*175 g saurer Rahm*
1 Teelöffel Zucker　　*(eventuell etwas Milch)*
175 g Butter　　　　　*Backfett*

An Haushaltsgeräten braucht man die Hände, einen Löffel, ein Messer, den Nudelwalker, das Teigradl und ein Nudelbrett. Auf diesem mischt man das Mehl, das Salz und den Zucker zusammen, schneidet die weiche Butter ein, gibt das Ei und den Rahm dazu und arbeitet so rasch einen halbfesten Teig. Daraus formt man zwei gut salamidicke Rollen, schneidet davon etwa 4 cm dicke Radl ab und walkt diese auf bemehltem Brett zu dünnen, runden Fleck' aus (in der »Dicke« etwa eines Buchumschlages). Dann werden die Teigfleck' zur Mitte hin eingeschlagen, also von oben und unten, von rechts und links, so daß ein »Briefkuvert« entsteht, wobei sich die Ränder auch etwas überlappen dürfen. Dieser »Briefumschlag« wird nun noch einmal ausgewalkt. Dann radelt man Dreiecke daraus und legt sie ins heiße Fett, worin sie schwimmend rundherum goldgelb gebacken werden. Die Hasenöhrl gehen nämlich in der Pfanne auf. Es entsteht ein dreidimensionales bayerisches Schmalzgebäck, das man der Länge, der Breite und der Höhe nach mit Puderzucker überstreut.

Hasenöhrl (auf andere Art)

Im Bayerischen Wald sagt man, daß »jede Bäuerin ihren eigenen Sterz kocht« und daß die »Nudeln in jedem Dorf anders schmecken.« Wie wahr und wie gut das ist! Die meisten Hausfrauen haben sich ja nicht immer nach den Mengenangaben der Kochbücher gerichtet, sondern selbst probiert und komponiert. Was die Hasenöhrl betrifft, so sind die Köchinnen zwar der Form treugeblieben, auch dem »Inhalt«, der aus einer Luftblase besteht; aber die Zutaten haben sie variiert. So gibt's Hasenöhrl mit und ohne Eier, mit Milch oder Wasser; bei einem Rezept braucht man sogar Backpulver. Hier sind die verschiedenen Arten:

Zutaten	1	2	3	4
Mehl	1 Pfund	1 Pfund	1 Pfund	300 g
Salz	1 Prise	1 Prise	1 Prise	1 Prise
Zucker	1 Teelöffel	1 Eßlöffel	——	50 g
Butter	100 g	5 Eßlöffel zerlassen	50 g	75 g
Rahm, sauer	——	5 Eßlöffel	——	3 Eßlöffel
Milch	——	nach Bedarf	——	——
Wasser	wenig	——	$^3/_8$ l	——
Eier	1 ganzes Ei 2 Dotter	1 Dotter	——	2 ganze Eier 2 Dotter
Backpulver	——	1 Messerspitze	——	——

Gemeinsam ist allen diesen Rezepten, daß aus den Zutaten ein mittelfester Teig gearbeitet wird, den man auf dem Nudelbrett zu messerrückendicken Fleck' auswalkt, zu Dreiecken

Überkrusteter Wildschweinschlegel, Rezept Seite 108 ▷

radelt und in heißem Fett schwimmend bäckt. Ein Zusammenlegen und Wiederauswalken der Teigfleck', wie auf S. 95 beschrieben, erübrigt sich bei diesen »Hasenöhrl«. Und noch einige Anmerkungen:

Zu 1) Hier muß man den Teig vor dem Auswalken eine halbe Stunde an einem kühlen Ort ruhen lassen.

Zu 2) Das Backpulver mit dem Mehl vermischen. Der Teig braucht nicht zu ruhen.

Zu 3) Wasser, Salz und Butter zusammen kalt zusetzen, aufkochen lassen und damit das Mehl überbrühen. Rasch zu einem Teig verkneten, dann wie üblich weiterverfahren.

Zu 4) In die Mitte des ausgeradelten Dreiecks schneidet man einen Schlitz und steckt einen Zipfel des Teigflecks hindurch, bevor er ins heiße Schmalz kommt. Reine »Formsache«!

Rott-Nudeln

2 Pfund (²⁄₃ Roggen-,	½ l Milch
⅓ Weizen-)Mehl	2–3 Prisen Salz
70 g Hefe	¼ Pfund Schweineschmalz
1 Teelöffel Zucker	Backfett

Diese schweren Küachl sind eine Rottaler Bauernkost. – Man siebt das ganze Mehl in die Schüssel, macht in der Mitte eine Vertiefung, in die man die Hefe bröckelt, ein wenig Zucker dazugibt und etwas lauwarme Milch eingießt. Nach etwa zehn Minuten ist das Dampfel gegangen, und man verarbeitet nun das ganze Mehl mit Milch, einigen Prisen Salz und zerlassenem Schweineschmalz zu einem festen Teig. Wenn er fertiggeschlagen ist, läßt man ihn eine halbe Stunde gehen. Dann formt man daraus etwa salamidicke Wecken, schneidet davon 3 bis 4 cm dicke Scheiben ab und drückt diese auf dem Nudelbrett auf der Schnittseite mit der Hand in die Länge. Diese Nudeln läßt man noch einmal eine Viertelstunde zugedeckt gehen. Dann werden sie in Fett schwimmend auf beiden Seiten ausgebacken.

◁ Wildpastete, Rezept Seite 111

Reisnudeln (Rottaler Hausrezept)

Zum Vorteig:
200 g Mehl
30 g Hefe,
¼ l Milch
2 Eßlöffel Zucker

Zum Teig:
200 g Reis

¾ l Milch,
Salz
2 Eßlöffel Zucker
50 g Butter
2 Eier
400 g Mehl
Backfett, Zimtzucker

Aus 200 g Mehl, der zerbröckelten Hefe, lauwarmer Milch
und Zucker bereitet man in einer großen Schüssel ein Dampf-
fel, das eine halbe Stunde gehen muß. Während dieser Zeit
rührt man den Reis in die kochende Milch und läßt ihn bei
kleiner Flamme quellen. Sobald der Milchreis fertig ist, wird
er in die Schüssel zu dem gegangenen Vorteig gegeben und
damit verrührt. Weiter kommen nun in diese Masse zwei Eßlöffel Zucker, die zerlassene Butter und zwei Eier. Wenn das
alles gut vermischt und gesalzen ist, wird das Mehl dazugegeben und ein mittelfester Teig geschlagen, der dann noch eine
halbe Stunde zugedeckt ruhen muß. Dann sticht man mit dem
Eßlöffel gut eigroße Stücke daraus, formt sie auf bemehltem
Nudelbrett semmelartig, deckt alle mit einem Tuch zu und
läßt sie wieder eine halbe Stunde gehen. Inzwischen hat das
Schmalz oder Pflanzenfett die richtige Temperatur von 170
Grad erreicht. Die Teigsemmeln werden so, wie sie nach dem
Gehen sind (nicht mehr ziehen, formen oder drücken) in Fett
schwimmend auf beiden Seiten schön goldbraun herausgebacken. Man läßt sie abtropfen und wendet sie in Zimtzuk-
ker. Heiß schmecken diese lockeren Reisnudeln am besten.

Klosternudeln

1 Pfund Mehl
20 g Hefe
¼ l Milch, 2–3 Eier
2 Eßlöffel Butter
2 Eßlöffel Zucker

etwas Salz
1 Tasse Weinbeeren
oder Rosinen
etwas Zitronat und Orangeat
Backfett

Zuerst läßt man die Hefe mit etwas warmer Milch 10 Minuten
gehen. Zusammen mit Mehl, Milch, Butter, den Eiern und

Salz bereitet man einen halbfesten Hefeteig, unter den man nach ½ Stunde die Weinbeerl, Zitronat und Orangeat gibt. Man formt kleine Nudeln daraus, läßt sie noch etwas gehen und bäckt sie dann schwimmend in Schmalz aus oder setzt sie, nachdem man sie in warme Butter getaucht hat, nebeneinander in eine Reine und bäckt sie im Rohr bis sie eine schöne gold-braune Farbe haben.

Türteln

sind eine in Schmalz gebackene Spezialität im Südtiroler Pustertal und auf den Bergbauernhöfen ringsum. Heute werden sie auch bei uns gebacken. Die Urlauber haben sie mitgebracht.

1 Pfund Weizenmehl	*Zur Füllung:*
1 Pfund Roggenmehl	*passierter Spinat mit Topfen*
5 Eßlöffel Öl	*oder Topfen allein*
1 Teelöffel Salz	*oder gewiegtes und gekochtes*
1 Tasse Milch	*Sauerkraut*
	Backfett

Der Teig besteht nur aus Mehl, Milch und Salz. Wenn man zusätzlich noch etwas Öl oder zerlassene Butter nimmt, wird er geschmeidiger und läßt sich besser verarbeiten. Zunächst werden die Zutaten in der Schüssel gut verrührt, dann verknetet man den Teig auf dem Nudelbrett. Er muß ziemlich fest werden, wie Brotteig. Den Laib teilt man in zwei bis drei Stücke, drückt und zieht ihn mit den Händen in die Länge und formt eine faustdicke Wurst. Davon schneidet man etwa 4 cm lange Stücke ab und läßt sie eine Weile ruhen. Dann walkt man sie zu messerrückendicken runden oder ovalen Flecken aus. Auf einen Fleck streicht man gleichmäßig die Füllung (2 bis 3 Eßlöffel). Ein kleiner Rand muß zum Schließen freibleiben.
Über die Füllung wird ein zweiter Fleck gelegt, am Rand angedrückt und der überstehende Teig weggeradelt. Das ist aber nur wegen der »Kosmetik«. Die Türteln werden in heißem Schmalz oder Pflanzenfett schwimmend auf beiden Seiten braun gebacken. – Man ißt sie heiß zu kalter Milch oder kalt zu heißer Fleischsuppe.

Windküchln

Handgeschrieben, um 1840

Nimm ein Vierting Butter, eben so viel Zucker, ¼ Maß Wasser, ein wenig Salz und ein wenig Zitronenschall in eine Messing Pfanne und laß es auf dem Feuer stehen, bis es anfängt zu kochen. Dann gib gute 6 Eßlöffel voll Mehl daran und laß es recht gut unter beständigem Abschlagen auf dem Feuer abtroknen. Dann gib es in eine Schüssel und schlag nach und nach 4 ganze Eier daran. Bestreuch dann ein Blech mit Wasser und mach mit einem Löffel Küchel. Darauf bestreue sie mit gewiegten Mandeln und Zucker und back sie in einem gut ausgeheizten Rohr. Das Rohr darf aber nicht gleich geöffnet werden, denn sonst fallen sie zusammen und sie sollen schön hoch, ganz leicht und hell werden.

Aus 'm Wald

SCHWAMMERLFANGER UND JAGER

Beide können einander zeitenweise nicht recht leiden. Ist ja wahr auch! Da sitzt so ein Waidmann schon seit 3 Uhr früh auf dem Anstand und paßt auf einen Bock, da haut direkt unter ihm einer die Autotür zu und verschwindet pfeifend im Wald. Daß so einem Jager was Unheiliges über die Lippen rutscht, wer könnt's ihm verdenken? Jetzt kann er bloß noch heimgehen oder selber Schwammerl suchen, wenn's nicht unter seiner Würde ist.

Die Schwammerlsucher, das muß man leider sagen, sind heut auch nicht mehr das, was sie einmal waren! Die kamen einzeln und zu Fuß oder mit dem Radl, wußten ihre bestimmten Plätz' und scheuchten das Wild nicht auf. Jetzt aber steigen sie aus der Benzinkutsche, rücken mit Kind und Dackel an, stoßen die vermeintlich »Giftigen« um, und weithin schallt es »Uuuhuu« durch den bayerischen Wald. Es ist aber nicht der Nachtvogel, der so schreit, sondern es ist die Stimme der Urlauberin Frau Plesske, die »auch eben mal in die Pilze« gegangen ist und ihren Mann nicht mehr findet. Der macht gerade Zigarettenpause.

Das hat einmal geschrieben werden müssen und gilt natürlich nicht für die Minderheit der echten »Schwammerlinge«, die wie Wilderer durchs Unterholz kriechen und von sonst niemanden als von ihren Schwammerln gesehen werden wollen. Für sie ist die Jagd auf die Reherl ebenso spannend wie dem Jager die seine auf die Reh'. In ihrer Auswirkung auf die Küche ergänzen sich beide »Berufsgruppen« sogar. Denn zu einem richtigen Jägerbraten gehören unbedingt Schwammerl.

Schwammerlsuppe

Sie ist eigentlich gar nichts anderes als ein »gestrecktes« Schwammerlgemüse (Bayerische Schmankerlküche, Seite 85). Man will ja nur erreichen, daß mit weniger Grundsubstanz dennoch die Teller für vier Personen voll werden. Eine Wassersuppe, in der nur ein paar braune Fleck' herumschwimmen, sollte man freilich nicht machen.

1 Pfund Schwammerl	1 l Wasser oder Brühe
50 g Butter	Salz
½ Zwiebel	Petersilie
30 g Mehl	⅛ l saurer Rahm

Die feinblättrig geschnittenen Schwammerl werden heiß abgebraust. Im Tiegel dünstet man die feingehackte Zwiebel glasig, gibt die Schwammerl hinzu und läßt sie Saft ziehen. Aus Mehl und Wasser bereitet man ein dünnflüssiges, klumpenfreies Teigerl und rührt es ein, sobald die Pilze keinen eigenen Saft mehr hergeben und anbrennen würden; das merkt man gleich beim Umrühren. Je nach der Zusammensetzung und Beschaffenheit der Schwammerl ist dieser Zeitpunkt zwischen fünf und sieben Minuten eingetreten. Nach dem Verrühren des Mehlteigerls (man kann auch stauben) wird nach und nach warmes Wasser (oder Brühe) dazugegossen, und zwar immer so viel, daß man den Kochprozeß nicht unterbricht. Zuschütten von kaltem Wasser würde die Schwammerl hart und ledrig werden lassen, genauso wie vorzeitiges Salzen. Bei mäßiger Hitze läßt man das Gericht nach dem Aufgießen etwa 10 Minuten garen. Dann zieht man es vom Feuer, rührt den Rahm und die feingehackte Petersilie darunter und schmeckt mit Salz ab.

Saure Schwammerlsuppe

1 Pfund Rindfleisch	1 Prise Pfeffer
1½–1¾ l Wasser	½ Eßlöffel Salz
1 Lorbeerblatt	½ Eßlöffel Zucker
1 Zwiebel	1 Stamperl Essig
2 Pfund gemischte	helle Einbrenne aus
Schwammerl	Mehl und Butter

Damit etwas Kraft in dieses Gericht kommt und das Ganze eine gute Mahlzeit wird, setzt man ein Pfund Rindfleisch in gut eineinhalb Liter Wasser kalt zu und kocht daraus mit einer halbierten Zwiebel und einem Lorbeerblatt eine kräftige Suppe. Sie wird abgeseiht, und dann erst werden darin die feinblättrig geschnittenen Schwammerl zehn Minuten gekocht. Abgeschmeckt wird die Suppe mit Pfeffer, Salz und

Zucker und gut einem Stamperl Essig. Zum Schluß wird eine helle Einbrenne aus zwei Eßlöffeln Mehl und einem Eßlöffel Butter klumpenfrei eingerührt (Einbrenne mit Suppe ablöschen), alles noch einmal aufgekocht, und wenn die Semmelknödel fertig sind, ist's Zeit zum Essen. Damit man gut satt wird, kommt auch das in Würfel geschnittene Rindfleisch noch in die Suppe. Das gibt für jeden der vier Esser zwei Teller voll, und dennoch schleckt man zum Schluß noch den Löffel ab. Weils so gut war!

Matrosenfleisch

Die »bayerische Marine« ist wahrlich keine Streitmacht. Ihre Kapitäne befehligen lediglich Fremdenverkehrsdampfer auf unseren Seen und schiffbaren Flüssen sowie einige Schleppkähne. Und es sind wohl die wenigsten wehrpflichtigen Bayern, die sich zum Dienst auf hoher See melden. Dennoch ist den bayerischen Matrosen ein eigenes Gericht gewidmet, das aber auch Gebirgsjägern und überhaupt noch vielen anderen schmecken dürfte.

300 g Schwammerl	1 Teelöffel Mehl
1 gehackte Zwiebel	Salz, Pfeffer
2 mal 50 g Butter	1 Prise Feinwürzmittel
1 Eßlöffel gehackte Petersilie	2 Eßlöffel Tomatenmark
600 g Rindslende	4 Eßlöffel Fleischbrühe
oder Kalbfleisch vom Schlegel	2 Eßlöffel Weißwein

Man braucht zwei Pfannen für dieses Gericht. In der einen werden wie üblich blättrig geschnittene Mischpilze (Champignons, Steinpilze, Maroni, Rotkappen, Reherl usw.; man kann aber auch bei einer einzigen Pilzart bleiben) in Butter, gehackter Zwiebel und Petersilie angedünstet. Dann schneidet man das Fleisch in ganz dünne Scheiben und röstet diese in einer anderen Pfanne rasch nacheinander in kleinen Partien in Butter an, bestäubt mit Mehl, würzt und gießt mit Fleischbrühe und Weißwein auf. Dann schüttet man die gedünsteten Schwammerl dazu, verrührt und läßt alles noch einmal aufkochen.

Reherlsalat

Reherl	*Pfeffer*
Schinkenspeck	*Zucker*
Zwiebel	*Essig, Öl*
Salz	*Schnittlauch*

Ganz frische, junge Reherl werden kurz einmal aufgekocht, man läßt sie abtropfen, macht sie mit Salz, Pfeffer, wenig Zucker, feingehackter Zwiebel, Öl, Essig und Schnittlauch an und stellt sie kurz zum Durchziehen kühl.

Rehrouladen

4 Rehrouladen (je 200 g)	*Bratfett (Butter und Öl)*
Salz, Pfeffer	
	Zur Soße:
Zur Fülle:	*Röstgemüse*
100 g Speck	*1 Tasse Wasser*
2 Zwiebeln	*4 Eßlöffel saurer Rahm*
100 g Wammerl	*1 Buttermehlkugel*
4 Teelöffel Preiselbeeren	*1 Schuß Rotwein*

Die ausgebreiteten Rouladen werden mit Salz und Pfeffer eingerieben. Dann läßt man das geräucherte Wammerl, den rohen Speck und die Zwiebeln zweimal durch den Fleischwolf oder einmal durch den Mixer und bestreicht mit dieser Mischung das gewürzte Fleisch. Auf jede Roulade gehört auch noch ein Teelöffel Preiselbeermarmelade verteilt. Das Fleisch wird eingerollt und mit Bindfaden oder Zahnstochern zusammengehalten. Die Rouladen werden in Butter und Öl (spritzt nicht!) rundum angebraten. Dann bereitet man aus dem üblichen Röstgemüse (Zwiebel, gelbe Rübe, Porree, Petersilwurzel) und einer Tasse Wasser die Soße. Die Rouladen müssen etwa eine knappe Stunde zugedeckt dünsten, dann nimmt man sie heraus und stellt sie warm. Nun dickt man die durchpassierte Soße mit geschlagenem Sauerrahm und einer Buttermehlkugel ein und verfeinert sie noch mit einem Schuß vom herben Rotwein. Dann gibt man die Rouladen wieder in ihre, jetzt verfeinerte, Soße hinein und läßt alles noch einmal heiß werden.

Dazu gibt's Bratäpfel, Blaukraut und Petersilkartoffeln.

Hirschrouladen mit Reherl

1½ Pfund Hirschfleisch	1 gelbe Rübe
Salz, Pfeffer	2 Zehen Knoblauch
150 g Zwiebeln	1 Lorbeerblatt
½ Pfund Reherl	5 Pfefferkörner
1 Bund Petersilkraut	1 Eßlöffel Senf
3 Blätter Liebstöckl	1 kleine Tomate
Mehl zum Wenden	1 Eßlöffel Preiselbeeren
50 g Schmalz	Mehl zum Bestäuben
	1½ l Fleischbrühe
Zur Soße:	Saurer Rahm und Weinbrand
½ Stange Porree	zum Abschmecken
¼ Knolle Sellerie	

Das Rouladenfleisch schneidet man am besten aus dem Schlegel, klopft es flach und würzt es auf beiden Seiten mit Salz und Pfeffer. Dann verteilt man auf die vier Schnitzel gleichmäßig feingehackte Zwiebeln, blättrig geschnittene frische Reherl, gewiegtes Petersilkraut und Liebstöcklblätter (Maggikraut). Von letzteren darf man nicht zu viel nehmen, damit sie nicht vorschmecken. Nun wird die Füllung ins Fleisch eingerollt und dieses mit Zwirn zugebunden oder mit Zahnstochern zugesteckt. Dann brät man die in Mehl gewendeten Rouladen in Schmalz gut an, nimmt sie, wenn sie schön gebräunt sind, aus dem Topf und stellt sie warm.

Im gleichen Brattiegel wird nun die Soße zubereitet. In dem verbliebenen Fett röstet man kleingewürfelten Porree und Sellerie, eine gelbe Rübe in dünnen Scheiben und zwei zerdrückte Knoblauchzehen an, gibt noch ein Lorbeerblatt, Pfefferkörner, scharfen Senf, das Ausgedrückte einer kleinen Tomate oder einen Eßlöffel Tomatenmark und einen Eßlöffel Preiselbeeren dazu und bestäubt das Ganze nach etwa fünf Minuten mit Mehl (½ Eßlöffel). Dann wird sofort mit heißer Fleischbrühe aufgegossen. Nach dem Aufkochen kommen die Rouladen zurück in den Topf zur Soße und werden darin weichgeschmort.

Danach wird dann die Soße passiert und mit saurem Rahm und Weinbrand je nach Geschmack abgeschmeckt. Serviert wird das Gericht mit Kartoffelknödeln und Apfel-Blaukraut.

Hirschfilets mit Brombeeren und Birnen

8 Filets vom Hirschrücken *3 Nelken, 1/4 Zimtrinde*
100 g Speck in Streifen *1/2 l Rotwein*
Bratfett *150 g Preiselbeeren*
ausgelöste Rückenknochen *1/2 Pfund Brombeeren*
Röstgemüse *50 g Butter*
1 Pfund große Birnen *1 Prise Zucker*

Von einem gut abgelagerten Hirschrücken löst man die Filets aus, enthäutet und entsehnt sie. Dann werden sie in zweifingerdicke Scheiben geschnitten und mit Speckstreifen gespickt. Die Rückenknochen werden gehackt und mit dem üblichen Röstgemüse (Zwiebel, gelbe Rübe, Porree, Petersilwurzel) für eine dunkle Wildsoße verwendet.

Von den geschälten und halbierten Birnen schneidet man das Kernhaus tief heraus. Zusammen mit Gewürznelken und einer Viertelstange Zimtrinde werden die Birnenhälfte in Rotwein kurz gekocht. Sie dürfen dabei nicht weich werden, was ohnehin voraussetzt, daß man feste, noch nicht ganz reife Früchte verwendet.

In einer heißen Pfanne werden die Brombeeren in zerlassener Butter gedünstet und etwas überzuckert.

Erst wenn sozusagen die »Beilagen« vor der Vollendung stehen, brät man die Filets in heißem Fett beiderseits je drei Minuten, richtet sie auf einer Platte an, überzieht sie mit der Soße und gibt die Brombeeren darüber. Daneben verteilt man die Birnen, deren Kernhaus man mit Preiselbeeren gefüllt hat. Dazu passen Kartoffelkroketten oder Spätzle.

Überkrusteter Wildschweinschlegel nach Waidmannsart

Vorbereitung:

3 Pfund Schlegel,
1 Stamperl Rum oder
Weinbrand zum Einreiben

das Weiße von 1 Porreestange
100 g Sellerie in Würfeln
1 zerdrückte Knoblauchzehe
1 Teelöffel Zitronensaft

Zur Beize:
¼ l Rotwein
⅛ l Wasser
4 Stamperl Öl
2 Stamperl Essig
1 Teelöffel Zucker
1 Eßlöffel Salz
½ Päckchen Wildgewürz
1 Zwiebel in Ringen
1 gelbe Rübe

Zur Fleischbrühe:
ca. ¾ l Wasser
Knochenteile
Fleischreste
1 geviertelte Zwiebel
1 gelbe Rübe
Selleriekraut
5 Pfefferkörner
Salz

Man richtet ein schönes Stück Schlegel her, schneidet die Haut- und Fettschicht weg und hebt Knochen und wegstehende Fleischteile für die Suppe auf, die man später zum Aufgießen braucht. Das Bratenstück selbst wird mit Rum eingerieben. Das ist vor allem bei älteren Keilern wichtig. Rum oder Weinbrand nehmen den ranzigen Geschmack. Danach kommt das Fleisch in eine Beize aus den oben genannten Zutaten. Darin bleibt es mindestens 24 Stunden, wobei es einige Male gewendet wird. Nach dem Herausnehmen wird das Fleisch abgetrocknet und mit gestoßenen Wacholderbeeren, Salz und Pfeffer eingerieben. Die Beizflüssigkeit stellt man beiseite. Sie wird zum Aufgießen benötigt, ebenso wie später dann die Brühe, die man mit obigen Zutaten zum Kochen bringt.

Zubereitung:

In die Bratreine:
75 g Butter,
1 Zwiebel in Würfeln
dunkle Einbrenne aus:

Soßenverfeinerung:
⅛ l saurer Rahm
1 Stamperl Madeira
Schale von ½ Zitrone

40 g Butter,
1 gestrichener
Eßlöffel Zucker,
40 – 50 g Mehl

je 1 Messerspitze
Rosmarin, Koriander,
Zucker
1 Eßlöffel Preiselbeeren

Überkrustung:	Schale von ½ Zitrone
2 Eßlöffel Schwarzbrotbrösel	je 1 Messerspitze Salz,
2 Eßlöffel Butter	Pfeffer, Zucker
5 zerdrückte Wacholderbeeren	1 Schuß Rotwein

Das Fleisch wird in der Reine mit Zwiebelwürfeln in heißer
Butter beiderseits angebraten. Während der etwa zweistün-
digen Schmorzeit bei 220 Grad (wenn das Fleisch zugedeckt
wird, braucht es nicht ins Rohr) wird immer wieder Brühe
und Beizflüssigkeit hinzugefügt. Danach wird die Soße ein-
gedickt mit einer karamelisierten Zuckereinbrenne (siehe
oben) und mit Rahm, Madeira, Zitronenschale, Rosmarin,
Koriander und Zucker verfeinert. Zum Schluß wird noch ein
Eßlöffel Preiselbeeren daruntergerührt.
In einer Pfanne wird die Masse für die Überkrustung zubereitet. Man röstet feingeriebenes Schwarzbrot in Butter an, gibt
zerdrückte Wacholderbeeren hinzu, würzt mit Zitronenschale, Salz, Pfeffer und Zucker und löscht mit Rotwein ab.
Mit diesem Gemisch wird der aus der Soße genommene Braten einige Minuten übergrillt. Angerichtet wird er, schön in
Scheiben geschnitten, mit Semmelknödeln, gedünsteten Re-
herln und mit Preiselbeeren gefüllten Bratäpfeln.

Gefüllter Hase im Sud

Herz, Leber und Magen	1 Messerspitze Thymian
das ausgelöste Fleisch	je 1 Teelöffel Zwiebel-
Speck	und Knoblauchgranulat
2 Eßlöffel gehackte Petersilie	3 Speckscheiben
1 Teelöffel Butter	Fleischbrühe
Salz, weißer Pfeffer	⅛ l Weißwein
1 Teelöffel Majoran	

Dem Hasen wird das Fell abgezogen, der Kopf abgeschnitten
und die Läufe abgetrennt. Beim Ausnehmen hebt man Herz,
Leber und Magen für die Fülle auf. Dann werden vorsichtig
mit einem scharfen Messer das Rückgrat und der Brustkorb
des Tieres entfernt und auch sonst alles Fleisch von den übrigen Knochen abgeschabt, das man ebenfalls für die Fülle
braucht. Aus den Knochen kann man eine braune Wildsoße
ziehen. Was man nun an Fleisch gewonnen hat (ohne Schlegel

und obere Vorderläufe, die ganz dranbleiben), legt man auf die Waage, damit man die Gewichtsmenge für den Speck bestimmen kann, der dem Fleischgewicht (plus Innereien) entsprechen muß. Fleisch und Speck werden zweimal durch den Wolf gedreht, dann rührt man auch die Gewürze in die Masse, zuerst die in Butter angedünstete, gehackte Petersilie. Nun wird der Hase auf dem Arbeitstisch ausgebreitet und die Fülle lagenweise eingestrichen, wobei man über jede Schicht eine Speckscheibe legt (3 bis 4 Schichten). Nach dem Zunähen mit Zwirn wird das Tier außerdem noch in ein sauberes Leinentuch eingewickelt und zugebunden. So kommt der Hase in die kochende Fleischbrühe und muß darin zwei Stunden sieden. Der Suppe gibt man Weißwein zu und würzt sie mit einigen Pfefferkörnern, Thymian, einem Lorbeerblatt und Küchenkräutern.

Beim Anrichten wird die Hasenmitte in hausbrotdicke Scheiben geschnitten. Dazu gibts eine braune Wildsoße (die man aus den Knochen gezogen hat) und Kartoffelkroketten.

Paprikahase

1–2 Pfund Hasenkleinfleisch (Kopf, Hals, Läufe, Hautlappen usw.)	1 Prise Zucker Salz, Pfeffer 2 gelbe Rüben
200 g Zwiebel	150 g Sellerie
200 g Speck	½ Tasse Rahm
1 Eßlöffel Edelsüßpaprika	

Die Fleischteile des Hasen schneidet man in Stücke wie zu Gulasch, die Zwiebel in Ringe und den Speck kleinwürfelig. Man gibt das alles zusammen in einen Tiegel, läßt das Fleisch kurz anbräunen und fügt Paprika und sofort einen Schöpflöffel Wasser dazu, damit der Paprika nicht bräunt und dadurch bitter wird. Jetzt kommen noch die gelben Rüben und der Sellerie (beide in feine Stiftchen geschnitten) und der Rahm daran. Dann klebt man den Topfdeckel mit einem Mehlteigerl fest an, damit aller Saft und Dampf beisammenbleiben. Man läßt den Topf eine gute Stunde im Rohr, damit der Inhalt recht zart und saftig zu Tisch kommen kann. Als Beilagen passen am besten Semmelknödel.

Fasan in Butter

1 Fasan	*Innereien*
Salz, Pfeffer	*1 Soßenlebkuchen*
150–200 g Butter	*¼ Pfund Weintrauben*
2 gelbe Rüben	*1 Schuß Rotwein*
1 Zwiebel	

Damit das magere Fleisch eines Fasans beim Braten nicht ganz ausdörrt, umwickelt man den Vogel bei den meisten Rezepten mit Speckscheiben. Die Stöcklbäuerin bei Pfarrkirchen hat da eine ganz andere Methode. Der Fasan wird, nachdem man ihn innen und außen mit Salz und Pfeffer eingerieben hat, rundherum mit Butterscheiben belegt und in Zellophanpapier eingewickelt. So kommt er in die Reine. Darin ist bereits etwas Butter zerlassen. Nach dem Anbraten mit geviertelten Zwiebeln und den gelben Rüben, wird etwas Wasser dazugegossen und die Innereien werden beigelegt. Der Fasan selbst hat keinen Anteil an der Soßenbildung: er brät für sich allein in seiner Zellophanhaut. Etwa 1¼ Stunden muß das Gericht im Rohr garen (hin und wieder aufgießen), dann wird die Soße mit einem Stück eines Soßenlebkuchens sämig gemacht und die Zellophanhaut abgenommen. Jetzt kommt der Braten wieder etwa zehn Minuten ins Rohr, damit er sich gut bräunt. In die Soße gibt man Weintrauben. Kurz vor dem Anrichten gießt man noch einen Schuß Rotwein dazu und läßt ihn durchziehen.

Wildpastete

700 g Rehfleisch	*Pastetengewürz*
300 g Schweinefleisch	*3 Eier*
1 Zwiebel	*150 g geräucherter Speck*
20 g Butter	*150 g gepökelte Rindszunge*
1 Sträußl Petersilie	*100 g Pistazien*
⅛ l Madeira	*1 Rehfilet*
Salz, Pfeffer	*2–3 Speckscheiben*
Schale von ½ Zitrone	*Blätter- oder Mürbteig*
Wildgewürz	*1 Eidotter*

Ausgelöstes Rehragoutfleisch, Schweinefleisch vom Halsgrat, eine gehackte in Butter geröstete Zwiebel und ein Sträußl Petersilie dreht man zweimal durch den Fleischwolf

111

in eine Schüssel. Dann verquirlt man mit dieser Masse langsam nacheinander den Wein, die Gewürze, geraspelte Zitronenschale und die Eier. Wild- und Pastetengewürz gibt es fertig abgestimmt zu kaufen. Wie viel man nimmt, ist Ge-
schmackssache, aber man sollte nicht sparen, weil bei Pasteten, genau wie bei Sulzen, der Geschmack beim Erkalten ab-
nimmt. Nach dem Verquirlen werden noch der gewürfelte
Räucherspeck, die gekochte und ebenfalls gewürfelte Rinds-
zunge sowie die Pistazien mit dem Kochlöffel gleichmäßig
daruntergehoben. Damit ist der Fleischteig fertig.
Da die Pastete in einer Kastenform gebacken wird, teilt man
sich das Rehfilet so ein, daß es der Länge nach in die Form
paßt und umwickelt es mit dünnen Speckscheiben.
Mit dem messerrückendick ausgewalkten Blätter- oder
Mürbteig muß man so haushalten, daß er die Form auskleidet
und sogar etwas überhängt. Außerdem wird so viel davon
aufgehoben, daß man noch einen »doppelten Boden« und ein
»Deckblatt« erhält. Die Form wird vorher gut mit Butter
ausgestrichen, ehe man den Teigfleck einpaßt. Nun wird die
Hälfte der Fleischmasse in die Form eingestrichen und geglät-
tet. Darauf legt man in die Mitte der Länge nach das mit Speck
umwickelte Rehfilet. Es wird mit dem Rest des Fleischteiges
umgeben und bedeckt. Man streicht die Masse oben glatt,
klappt die überhängenden Teiglappen des Blätter- oder
Mürbteiges darüber, schließt mit dem passenden Deckblatt
ab und bepinselt dieses mit Eigelb. Dann kommt die Form ins
vorgeheizte Rohr. Die Pastete wird bei starker Mittelhitze
eineinhalb Stunden gebacken. Man kann sie warm oder kalt
servieren. Dazu gibt's natürlich roten Wein.

Die Kuchl als Backstub'n

WEIHNACHTEN RIECHT MAN SCHON LANG VORHER

Den Entschluß, einmal Koch oder Köchin, Bäcker oder Konditor zu werden, fassen die Kinder erstmals zur Adventszeit, wenn der Duft von Zimt und Nelken, von Anis und Vanille durchs ganze Haus streicht. Die Mutter läßt sie dann auch allerlei tun: Zitronat und Orangeat schneiden, Teig rühren, Nüsse reiben, die Schüssel ausschlecken. Ja, wenn die Probe schon so gut ausfällt, wie herrlich mag dann erst das fertige Backwerk schmecken! Aber vom Vorgenuß bis zum Hochgenuß liegt bei manchen Leckerln und Zelten noch eine lange Reifezeit, die sie in einer Spanschachtel oder Blechbüchse verbringen müssen. Grad die begehrten Lebkuchen brauchen am längsten, bis sie weich sind.

Berchtesgadener Busserl

100 g Zucker	*1 Prise Zimt*
8 Eier	*1 Prise Nelken*
1 gute Messerspitze Piment	*100 g Mehl*
(Neugewürz)	*etwas Butter*

Zucker und die Eier werden mit den Gewürzen sehr gut durchgerührt. Man gibt das Mehl dazu und macht kleine Häufchen davon auf ein mit Butter bestrichenes Backblech. Da sie breit laufen, brauchen sie viel Platz. Man bäckt die Busserl in nicht zu heißem Rohr goldgelb.

Münchener Springerl

1 Pfund Mehl	*etwas Anis*
1 Pfund Zucker	*evtl. Muskat, Ingwerpulver*
4 Eier	*Vanillinzucker*
1 Messerspitze Hirschhornsalz	

Eier, Zucker, das Hirschhornsalz und nach Belieben noch etwas Vanillinzucker oder Ingwerpulver und Muskat werden mit der Hand eine Stunde oder mit der Maschine zehn Minuten gerührt. Die Masse muß ganz glatt und weißschaumig sein. Man knetet das Mehl darunter und läßt den Teig eine

Weile ruhen. Dann streut man den Anis auf die Backunterlage, walkt den Teig dünn aus und sticht beliebige Formen aus. Diese läßt man über Nacht in der warmen Küche stehen und bäckt sie am andern Tag bei mäßiger Hitze ganz hell aus.

Kleine Taferl

60 g Butter	Zum Belag:
140 g Zucker	1 Ei
1 Ei	ganze Mandeln
140 g geriebene Mandeln	
140 g Mehl	
Zitronenschale	

Butter, Zucker und Ei werden sehr gut durchgerührt. Daran gibt man die geriebenen Mandeln und das Mehl sowie etwas geriebene Zitronenschale. Der verknetete Teig wird etwa 1/2 cm dick ausgewellt. Man schneidet kleine Taferl (Karos) und bestreicht den Teig mit einem verquirlten Ei, setzt in die Mitte eine geschälte Mandel und legt die Taferl auf ein gefettetes Blech. Sie werden fünf bis zehn Minuten bei 220 Grad gebacken.

Anisbäckerei

Zum Teig:	1 ganzes Ei
280 g Mehl	2 Eidotter
110 g Zucker	
Schale von 1 Zitrone	Zum Belag:
210 g Butter	Zucker- und Anisgemisch

In der Schüssel werden die trockenen Zutaten, also Mehl, Zucker und die abgeriebene Zitronenschale gut vermischt, dann erst rührt man die aufgeschnitzelte Butter und die Eier darunter und bröselt den Teig zwischen den Händen leicht ab. Es muß rasch gearbeitet werden, damit die Butter nicht zu weich wird. Der Teig wird auf dem Nudelbrett etwa kleinfingerdünn ausgewalkt. Dann sticht man kleine Plätzchen in beliebiger Form daraus, die man auf einer Seite in ein Gemisch aus grobkörnigem Zucker und Anis drückt. Die Leckerl werden auf leicht befettetem Blech acht Minuten im Rohr auf der mittleren Schiene gebacken.

Honigbusserl

125 g Honig	460 g Mehl
1 Ei	80 g Kuchenbrösel
1/2 Pfund Zucker	150 g Wasser
80 g Farinzucker	12 g Lebkuchengewürz
30 g Zitronat	3 g Hirschhornsalz
30 g Orangeat	3 g Pottasche

In einer Schüssel werden zunächst der flüssige aber kalte Bienenhonig und ein Ei gut verrührt, dann der Zucker und der (braune) Farinzucker. Zum Schluß mengt man noch das feingewiegte Zitronat und Orangeat darunter.

Auf dem Arbeitstisch wird das Mehl ringförmig angerichtet. In die Mitte des etwa Springform großen Mehlkranzes gibt man nun die Masse aus der Schüssel, die Kuchenbrösel und das Lebkuchengewürz. Auch das in ein wenig lauwarmem Wasser aufgelöste Hirschhornsalz kommt schon jetzt hinzu, damit es nicht gleichzeitig mit der Pottasche zusammentrifft, was die Wirkungsweise der beiden Treibmittel aufheben würde. Jetzt wird von außen her der Teig mit den Fingern gut vermengt, wobei nach und nach das lauwarme Wasser dazugegossen wird. In den letzten Wassertropfen löst man die Pottasche auf. Sie soll den Teig in die Breite treiben, der nun gut geknetet und auf 1 cm dick ausgewalkt wird. Daraus sticht man etwa markgroße Busserl heraus und legt sie mit 3 cm Abstand auf ein leicht gefettetes Blech. Bevor man sie ins Rohr schiebt, besprengt man die Plätzchen mit leichter Hand mit kaltem Wasser. So werden sie beim Backen oben etwas rissig. Die Backzeit beträgt 10 bis 12 Minuten bei 180 Grad auf mittlerer Schiene.

Böhmische Lebkuchen

280 g Zucker	ev. 50 g feingewiegtes
2 gehäufte Eßlöffel Honig	Zitronat
4 Eier	280 g Weizenmehl
1 gestrichener Teelöffel Zimt	280 g Roggenmehl
1/2 Teelöffel Nelken	2 Messerspitzen Natron
1/4 Teelöffel Piment	
geriebene Schale von	Zur Glasur:
1 Orange	Puderzucker, Wasser

Eier, Zucker und Honig werden in der Schüssel gut verrührt, dann gibt man die Gewürze hinzu und vermengt alles mit dem Mehl, das bereits mit dem Natron vermischt wurde. Nach dem Durcharbeiten wird der Teig auf dem Nudelbrett etwa 1/2 cm dick ausgewalkt. Dann schneidet oder sticht man beliebige Lebkuchenformen aus, die im Rohr auf leicht eingefettetem Blech bei 150 bis 180 Grad 20 Minuten gebacken werden. Nach dem Erkalten bestreicht man sie mit einer weißen Glasur aus Puderzucker und Wasser und hebt sie gut verschlossen einige Wochen auf. Die anfangs steinharten Lebkuchen werden von Tag zu Tag weicher.

Lebkuchen für Christbaumschmuck

1 Pfund Honig
1/2 Pfund Zucker
1/2 Pfund Farinzucker
1/4 l Wasser

3 Pfund Mehl (davon 1 Pfund Roggenmehl)
15 g Lebkuchengewürz
25–30 g Hirschhornsalz
2 Eier

Honig, Zucker und Wasser erhitzt man (ab und zu rühren) auf nur 60 Grad, damit der Honig nicht sein Aroma verliert. Dann läßt man die Masse vor der Weiterverarbeitung erkalten. Auf dem Arbeitstisch werden der größte Teil des Mehles mit dem Lebkuchengewürz vermischt, das Honig-Zucker-Gemisch hinzugegeben, zwei Eier drangeschlagen und alles, auch das in ein wenig lauwarmem Wasser aufgelöste Hirschhornsalz, gut vermengt. Das auf dem Tisch verbliebene Mehl braucht man zum Verkneten und Auswalken des Teiges zu einer Stärke von etwa 1/2 Zentimeter. Zum Ausstechen kann man auch Holzmodeln verwenden, weil bei diesem Teig durch die alleinige Verwendung von Hirschhornsalz als Treibmittel die Konturen ziemlich erhalten bleiben (Hirschhornsalz oder Ammonium treibt nur in die Höhe, nicht in die Breite). Die ausgestochenen Figuren verziert man je nach Lust und Kunst mit Mandelsplittern, kandierten Früchten oder Weinbeerln. Möchte man die Lebkuchen als Christbaumschmuck verwenden, darf man nicht vergessen, an der geeigneten Stelle nicht zu kleine (1 cm Durchmesser) Löcher in den Teig zu schneiden oder zu stechen. Die Backzeit be-

trägt zehn Minuten bei 220 Grad. Gleich nach dem Herausnehmen bestreicht man die Lebkuchen mit einem Gemisch
aus einem in der Pfanne angebräunten und in ein wenig Wasser aufgekochten Kartoffelstärkemehl. Das verleiht ihnen einen kräftigen und dauerhaften Glanz. Weich werden diese
Lebkuchen erst nach 14 Tagen bis drei Wochen.

Pfeffernüsse

haben ihren Namen nicht vom herkömmlichen Pfeffer, sondern vom gemahlenen Nelkenpfeffer, dem Piment.

5 Eier	*1 Teelöffel Zimt*
1 Pfund Zucker	*½ Teelöffel Nelken*
50 g Haselnüsse	*1 Messerspitze Piment*
30 g Zitronat	*550 g Mehl*
30 g Orangeat	*1 Messerspitze Hirschhornsalz*
1 Messerspitze Kardamom	*Arrak oder Rum*

Eier und Zucker werden entweder eine Stunde mit der Hand
oder eine Viertelstunde mit der Haushaltsmaschine schaumig
gerührt. Dann erst kommen die geriebenen Haselnüsse, das
feingewiegte Zitronat und Orangeat und die Gewürze hinzu.
Erst zum Schluß mengt man das Mehl mit dem in ganz wenig
Milch aufgelösten Hirschhornsalz darunter und knetet den
Teig kurz ab. Je nach der Größe der Eier benötigt man eventuell noch etwas mehr Mehl. Es muß ein halbfester Teig entstehen, der auf dem Nudelbrett gut ½ cm dick ausgewalkt
wird. Daraus sticht man markstückgroße Plätzchen aus und
läßt sie über Nacht trocknen. Am nächsten Tag dreht man sie
um und bestreicht sie am Boden leicht mit Rum oder Arrak.
Die Leckerl werden bei 140 Grad hell ausgebacken.

Bayreuther »Butterzeich«

½ Pfund Butter	*1 Eidotter*
½ Pfund Schmalz	*1 Stamperl Arrak*
1½ Pfund Mehl	*Zimtzucker*
½ Pfund Zucker	

Butter- und Butterschmalz müssen lange miteinander verrührt werden. Nur löffelweise gibt man Mehl und Zucker

dazu, zum Schluß mischt man Eidotter und Arrak in den Teig, der anschließend fest geknetet werden muß. Dann walkt man ihn nicht zu dünn aus und sticht mit Blechformen Plätzchen aus. Sie werden bei Mittelhitze auf dem Blech zehn Minuten hellgelb gebacken und danach auf der Oberseite mit Zimtzucker bestreut.

Christbrote

sind eine sudetendeutsche Spezialität. Die heimatvertriebenen Gablonzer haben das Rezept zu uns herübergebracht, genauer in ihre im Allgäu aufgebaute schmucke Schmuckstadt Neu-Gablonz. Dort sind die Christbrote im Advent in einer Bäckerei ausgestellt, aber auch in vielen Haushalten duftet es um diese Zeit unvergleichlich gut nach solchem Weihnachtsgebäck. Nach altem Brauch dürfen die Christbrote erst am Heiligen Abend angeschnitten werden und sollen am Dreikönigstag aufgegessen sein.

2 Pfund Mehl (²/₃ glatt,	*1 Teelöffel abgeriebene*
¹/₃ griffig)	*Zitronenschale*
400–450 g lauwarme Milch	*1 Messerspitze Macisblüte*
150 g Zucker	*1 Doppelstamperl Rum*
20 g Salz	*300 g Sultaninen*
80 g Hefe	*200 g gehackte Mandeln*
300 g zerlassene Butter	*100 g Zitronat*

Die Zutaten richtet man sich schon am Vorabend her und stellt sie über Nacht bei Zimmertemperatur warm. Dabei vermischt man auch bereits die beiden Mehlarten, nämlich glattes und griffiges. Unter letzterem versteht man leicht körniges Mehl, es fühlt sich an wie feinstgemahlener Grieß. Zum Vorteig werden ein Drittel des gesiebten Mehles mit der Hälfte der lauwarmen Milch und der darin gut aufgelösten Hefe verrührt. Dann stellt man das »Dampfel« 45 Minuten zugedeckt an einem warmen Platz zum Gehen. Danach kommen das verbliebene Mehl, die übrige Milch, der Zucker und das Salz zum fertigen Vorteig in die Schüssel und werden gut vermischt. Zuletzt wird die zerlassene Butter daruntergearbeitet. Der Kochlöffel hat nun ausgedient, jetzt kommt das

»Handwerk«. Doch vorher gibt man noch den Rum, die Gewürze und die Früchte an den Teig, bis eine halbe Stunde Knetzeit beginnt. Mit der Küchenmaschine dauert's 10 Minuten. Die Stunde Ruhezeit danach haben sich die Köchin und der schwer mitgenommene Teig wohl verdient. Aus der Masse kann man drei etwa 850 Gramm schwere Stücke herausbringen, die man zu runden Ballen formt und wieder zehn Minuten gehen läßt. Danach werden die Ballen noch einmal rundgewirkt, bis eine glänzende Oberfläche entsteht. Sie werden auf ein gefettetes Blech gelegt, mit einem Tuch zugedeckt und müssen nun an einem warmen Ort 40 Minuten liegen. Nach dieser Zeit werden sie noch mit Butter bestrichen und kommen dann ins vorgeheizte Rohr (170 bis 180 Grad). Die Backzeit beträgt eine Dreiviertelstunde.

D' Saupreis

PFUNDIGE SCHWEINEREIEN

Die Saupreise für das Pfund Lebendgewicht schwanken ständig, aber beim Metzger merkt man nichts davon. Da ist das Fleisch immer gleich teuer. Oder kann sich jemand erinnern, daß es einmal billiger geworden wäre? Als Reporter bei der »Deggendorfer Zeitung« hat mir Innungsobermeister Schmierdorfer einmal genau vorgerechnet, woher das kommt: »Weil, wenn d' Sau vüregengan (der Preis für's Lebendgewicht anzieht), zahln mir drauf. Wenns aber wieder zruckgengan, dann profitiern mir!«
Das hat mir eingeleuchtet. Aber ich wollte auch noch wissen, warum der Schweinepreis solchen Schwankungen unterliegt. Auch dafür hatte der Obermeister sofort eine Erklärung bei der Hand: »Bei de Sau is dös so. Wennst as hint mit der Mistgabel stichst, dann gengans vüre, und wennst as vorn einestichst, dann gengans zruck!«
Seitdem habe ich mich nie mehr mit einem Metzger über einen Saupreis unterhalten.
Auf dem Bauernhof wird meistens im Winter geschlachtet, damit das Fleisch lange frisch bleibt und keine Fliegen dran können.

Schweinfurter Schlachtschüssel

Was dabei die Schüssel zu tun hat, bleibt unerfindlich. Denn dieses fränkische Saukopfessen findet über blankgescheuerten Tischplatten statt, oder man nimmt große Holzteller her. Eßgeschirr braucht's da keins. Sogar das gekochte Sauerkraut kommt nur aufs Holz. Es geht ganz zwanglos und recht fröhlich zu bei diesem Mahl. Der Hausherr schneidet das Fleisch vor den Augen der Gäste auf (und das sind hier mehr als vier Personen). Jeder nimmt sich, was er gern mag, taucht es in Salz und Pfeffer oder in frischgeriebenen Kren und läßt es sich mit einem Stück Hausbrot gut schmecken. Zu trinken gibt's natürlich auch etwas: entweder herben Frankenwein, Most oder Bier.

½ Saukopf (vom Schlachttag)   *Innereien:*
2 Pfund Bauchfleisch   *Zunge, Herz,*
(Wammerl)   *2 Nieren*
2 Pfund Kamm (durchwachse-
ner Halsgrat)   *Gewürz:*
2 Pfund Bug (mageres Schul-   *Salz, Wacholderbeeren,*
terstück)   *Pfefferkörner, Lorbeerblätter,*
2 Pfund Brustfleisch mit   *2–3 geviertelte Zwiebeln.*
Rippen

Das Fleisch wird im Kessel oder in einem sehr großen Tiegel in sprudelnd heißem Salzwasser zugesetzt, damit es saftig bleibt und nicht zuviel in die Suppe geht. Man kocht es zusammen mit den Gewürzen zugedeckt am besten eineinhalb Stunden.
Das Fleisch ist fertig, sobald man Kopf- und Rippenfleisch mühelos entbeinen kann.

Gebackenes Schweinsblut

Das ist eine Art Ersatz-Blutwurst. Das Praktische dabei ist, daß man sie nicht in Därme füllen und vor dem Essen wieder daraus hervorkratzen muß. Man holt sich seine Portion gleich aus der Reine oder aus der Auflaufform.

1 alte Semmel   *125 g Speck*
50 g Butter   *1 Teelöffel Salz*
¾ l Schweinsblut   *1 Teelöffel Pfeffer*
⅜ l Milch   *3 Eßlöffel Majoran*

Das Hauptproblem dürfte wohl sein, an das Schweinsblut heranzukommen. Man muß es beim Metzger bestellen. Die Zubereitung ist denkbar einfach. Zuerst schneidet man die Semmel in Würfel und röstet sie in Butter. Auch der Speck wird in (sehr kleine) Würfel geschnitten, so wie Sie diese gern in der Blutwurst sehen würden. Dann werden alle Zutaten gut vermengt und in eine gut ausgebutterte Bratreine oder in eine Auflaufform getan. Nach einer Stunde, bei 180 Grad im vorgeheizten Rohr, ist das Gericht fertig. Dazu gibt's Salzkartoffeln und Sauerkraut.

Eingemachter Blutpreßsack

½ Schweinskopf	2 Eßlöffel Majoran
Salz, Pfeffer	½ Muskatnuß
1 Messerspitze Piment	½ Zwiebel
½ Teelöffel Thymian	¼ l Schweineblut
1 Prise Knoblauchsalz	⅛ l Kochflüssigkeit

Der Schweinskopf wird in Salzwasser gekocht, bis sich das Fleisch von den Knochen lösen läßt. Es wird würfelig geschnitten und gut gewürzt. Dabei zerreibt man Majoran und Thymian zwischen den Fingern; Zwiebel und Muskatnuß kommen durchs Reibeisen. Dann vermischt man alles gut mit dem Schweineblut und ein wenig von der Flüssigkeit, in der das Fleisch gekocht wurde. Bei diesem unterfränkischen Rezept, das man auch aus Resten der Schweinfurter Schlachtschüssel herstellen kann, braucht man weder Naturdarm noch eine Pergamenthaut. Denn der Preßsack wird in Einmachgläser ¾ voll gefüllt, gut verschlossen und zwei Stunden lang im Einwecktopf sterilisiert.

Fränkische Schnitzlas-Suppen

1 Pfund Schweinefleisch	Liebstöckl
1 Pfund Suppengemüse	100 g Schwammerl oder
(gelbe Rüben, Porree, Sellerie,	1 Beutel getrocknete
Petersilie)	Schwammerl
6–8 Kartoffeln	1 Teelöffel Kümmel
Majoran	Salz, Pfeffer

Das Fleisch wird gewürfelt, in etwa 2 Liter kaltem Wasser zugesetzt und gekocht. Ist es weich, wird es herausgenommen und kleingeschnitten.

Dann kommen die Schnitzlas wieder in den Tiegel. Dazugegeben wird jetzt das feingeschnittene Gemüse, die kleingewürfelten Kartoffeln, die blättrigen Schwammerl, Majoran, Liebstöckl (nicht viel), Kümmel, Salz und Pfeffer. Das Ganze wird leise ziehend gargekocht, denn die Kartoffeln dürfen oder sollen nicht zerfallen. Zuletzt kommt noch viel Petersilie in die Suppe.

Schweinsbraten »Alt-Würzburg« (für 6 gute Esser)

3 Pfund Schweinehals	*¼ l dunkles Bier*
Dörrzwetschgen	*1 l Fleischbrühe*
oder Backpflaumen	*1 Lorbeerblatt*
Salz, Pfeffer,	*3 Nelken*
Knoblauchsalz	*1 Prise Beifuß*
Knochen vom Hals	*2–3 Zehen Knoblauch*
Wasser zum Aufgießen	*1 Messerspitze Thymian*
1 gelbe Rübe	*1 Teelöffel Kartoffel-*
1 Zwiebel	*stärkemehl*
½ Stange Porree	*zum Binden*
¼ Knolle Sellerie	

Man braucht ein schönes, ausgebeintes Stück vom Halsgrat, damit sich die ganze Prozedur auch rentiert. Denn dieser Schweinsbraten wird – man staune – mit Dörrzwetschgen gefüllt. Wie aber?

Da sticht man zunächst mit spitzem Messer der Länge nach ein Loch mitten durchs Fleisch und weitet es mit einem dicken Kochlöffelstiel gut aus, so daß man das Dörrobst einschieben kann. Verwendet man entkernte Backpflaumen, genügt ein einziger, größerer »Kanal« in der Mitte. Will man aber kleine Dörrzwetschgen füllen, kann man drei bis vier kleinere Bohrungen, schön verteilt, einbringen. Dann wird das Fleisch gut mit Salz, Pfeffer und Knoblauchgranulat eingerieben.

In der Bratreine oder im Tiegel schichtet man nun die kleingehackten Halsknochen als Unterlage für das Fleisch auf und gießt so viel Wasser zu, daß das Schweinerne davon noch nicht berührt wird. Es soll jetzt im vorgeheizten Rohr bei 210 Grad dreißig Minuten bräunen. Danach wird der Braten gewendet. Nach einer weitern (knappen) halben Stunde ist das Wasser verdampft. Nun kommen dazu, in feine Streifen geschnitten: die gelbe Rübe, Zwiebel, Porree und Sellerie. Beim Weiterschmoren während der nächsten zwanzig Minuten wird das Fleisch nach und nach mit dunklem Bier übergossen, bis der Schoppen verbraucht ist. Danach kommt ein Liter heiße Fleischbrühe mit einem Lorbeerblatt und ein paar Gewürznelken an den Braten. Eine Dreiviertelstunde später ist das Fleisch weich, wird herausgenommen und warmgestellt.

Die Soße schmeckt man mit einer Prise Beifuß, zwei bis drei zerdrückten Knoblauchzehen und einer Spur Thymian ab und kocht sie kurz auf. Sie wird durch ein Sieb gegeben und mit Kartoffelstärkemehl leicht gebunden.

Angerichtet wird der Braten in Scheiben auf einer Platte und mit etwas Soße übergossen. Als Beilagen eignen sich Klöße aus rohen Kartoffeln mit Blaukraut oder Salate der Saison.

Gebratenes Wammerl

1–2 Pfund fettes Wammerl   *Backfett*
Mehl, Ei, Brösel   *Salz, Pfeffer*

Von einem schönen Wammerl schneidet man große, nicht zu dicke Scheiben ab und klopft sie sehr stark, so daß sie dünn, groß und weich werden. Dann würzt man sie mit Salz und Pfeffer, paniert sie mit Mehl, Ei und Bröseln und brät sie nun in der Pfanne goldbraun und recht rösch. Dieses herzhaft schmeckende, geradezu kracherte Wammerl wird mit Senf oder einer Senfsoße serviert. Es ist durch das starke Ausbraten leichter verdaulich, auch wenn es sehr fett war.

Geräuchertes auf Sauerbratenart

1½ Pfund   *Zur Zuckereinbrenne:*
Schwarzgeräuchertes   *30 g Fett*
1 Eßlöffel Bratfett   *10 g Zucker*
1 Zwiebel   *40 g Mehl*
1 Teelöffel Sauerbratengewürz   *⅛ l Wasser*
1 Stamperl (2 cl) Essig
1 l Wasser
1 Soßenlebkuchen

Hierzu eignet sich am besten gut eingesurtes, festes und rohes Bauerngeselchtes vom Schinken (keinesfalls Kochschinken oder Braungeräuchertes). Das Fleisch schneidet man in zwei bis drei Stücke und läßt diese im Tiegel auf dem zerlassenen Fett allseits gut anbraten. Dann gibt man die geviertelte Zwiebel, den Essig und das Sauerbratengewürz hinzu und gart das Ganze 1½ Stunden lang, wobei nach und nach seitlich aufgegossen werden muß, bis die Flüssigkeit verbraucht ist. Gegen Ende der Garzeit stellt man in der Pfanne aus den oben angeführten Zutaten eine Zuckereinbrenne her, die man gut verrührt und abgelöscht an den Braten gibt. Ganz zum Schluß darf noch ein eingeweichter Soßenlebkuchen kurz mitköcheln. Die Soße wird abgeseiht. Dazu schmecken Knödel und Kraut.

Oberpfälzer »Schlout-Suppen«

250 g geräuchertes Wammerl	4 Scheiben Schwarzbrot
2 l Wasser	50 g Butter
Salz	nach Belieben Suppengewürz

Das Geräucherte wird in Wasser weichgekocht. Die Brühe wird abgegossen und mit Salz und nach Belieben mit Suppengewürz abgeschmeckt. Dann schneidet man das Fleisch in kleine Stücke und gibt sie in die Suppe. Auch das Schwarzbrot wird kleinwürfelig geschnitten, in heißer Butter angeröstet und über die Suppe gestreut.
Bleibt nur noch die Worterklärung: »Schlout« heißt Schlot = Kamin. Also eine Suppe, in der das gekocht worden ist, was vorher im Kamin gehangen hat, nämlich das Geräucherte.

Griebenzelten

3–4 Eßlöffel Grieben	Salz, Paprika
Kümmel	Mehl
1/4 Zwiebel	Backpulver
1 Ei	

Die nicht zu stark ausgelassenen Schweinefett-Grieben werden mit etwas Kümmel und einem Stückchen Zwiebel fein gewiegt. Man gibt das Ei, Salz, Paprika und so viel Mehl darunter, daß ein fester, aber nicht zu strenger Teig entsteht. Darunter gibt man noch einen gestrichenen Teelöffel Backpulver, knetet den Teig gut durch und wellt ihn dann nach kurzem Ruhen einen Zentimeter dick aus. Mit dem Backradel schneidet man viereckige oder rautenförmige Zelten davon aus, die mit Fett bestrichen und im heißen Rohr etwa 20 Minuten ausgebacken werden. Frisch schmecken sie natürlich am besten.

Innviertler Speckknödel

1 Pfund alte Semmeln	*1 Pfund Mehl*
Salz	*½ Pfund Surspeck*
¾ l Milch	*Pfeffer*
2 Eier	*Petersilie*

Zuerst macht man den Brotteig an. Dabei werden die Semmeln nicht würfelig, sondern in kleine Streifen geschnitten und mit der heißen Milch übergossen. Dann mischt man die Eier darunter und läßt den Teig gut fünf Minuten ruhen. Danach wird das Mehl dazugemengt und alles tüchtig geknetet. Jetzt wird der Surspeck (= nur gepökelter, nicht geräucherter Speck; siehe Bayerische Schmankerlküche Seite 31) in feine Streifen und daraus in sehr kleine Würfel geschnitten und tüchtig mit Pfeffer und gehackter Petersilie gewürzt. Davon dreht man nun Kugeln etwa im Durchmesser von 3 Zentimetern. Diese bekommen jetzt einen Mantel aus Brotteig. Aus einem gehäuften Eßlöffel von der Brotmasse dreht man mit den Händen einen Knödel, drückt diesen wieder platt, legt in die Mitte der »Platte« eine Speckkugel und formt den Brotteig rund darüber. Die Innviertler Speckknödel werden in sprudelndes Salzwasser gelegt und müssen fünf Minuten schwach kochen. Gut zu Surbraten, Schweinsbraten und Geräuchertem mit Kraut.

Fränkische Bauernbratwürst

Schweinefleisch von	*Salz, Pfeffer, Piment*
Schulter und Schlegel	*Majoran, Thymian*

Die Fleischmenge richtet sich danach, wie viele Würst man halt machen will. Damit man aber ein gutes Mischungsverhältnis mager : fett bekommt, nimmt man Fleisch von Bug und Schlegel zu gleichen Teilen. Gewürzt wird bereits, wenn das Fleisch in grobe Würfel geschnitten ist. Anschließend wird es erst durch den Wolf gedreht. Den Teig füllt man in Schweinsdärme, die man dann in der gewünschten Länge abschneidet und nicht abzubinden braucht. Bevor sie in die Bratpfanne kommen, werden die Würste in Milch gewendet, damit die Haut nicht aufreißt.

Münchner Springerl und Christbrote, ▷
Rezepte Seite 114 und 119

Pikanter Schweinsbraten

Den kriegen die Fußballer der TuS Pfarrkirchen von ihrer Herbergsmutter, der Schachtl-Wirtin, serviert. Aber bloß nach einem Sieg!

2 Pfund Schweinefleisch
je 1 Prise Salz, Pfeffer, Zucker   etwa ¼ l Essig
10 Wacholderbeeren
1 Knoblauchzehe   *Zur Soße:*
½ Zitrone   1 Eßlöffel Preiselbeeren
1 Zwiebel   1 Eßlöffel Senf
1 Lorbeerblatt   ¼ l Weißwein
2 gelbe Rüben   1 Eßlöffel Stärkemehl

Das Fleisch, am besten vom Halsgrat, wird zunächst mit Salz, Pfeffer, Zucker, zerdrückten Wacholderbeeren und einer feinstgehackten Knoblauchzehe eingerieben. Dann wird es ringsum mit einigen dünnen Zitronenscheiben (diese kann man auch aufschnitzeln), Zwiebelringen, zerbröckeltem Lorbeerblatt und gelbe Rübenscheibchen belegt. So kommt das Fleisch nun in einen doppelten Umschlag: der erste ist ein in Essig getränktes Leinentuch oder ein sauberes Küchenhandtuch, der zweite eine Alu-Folie. Darin wird es einige Tage kühl aufbewahrt. Anschließend wird es mit den oben bereits verwendeten Zutaten wie üblich eineinhalb Stunden gebraten, wobei des öfteren mit Wasser aufgegossen werden muß. Gegen Ende der Garzeit wird die Soße durchpassiert und mit Preiselbeeren, mittelscharfem Senf, Weißwein und einem gestrichenen Eßlöffel Stärkemehl gebunden. Dazu passen als Soßenschlucker »Böhmische Knödel«.

Schweinernes im Tiegel

100 g Schweineschmalz   2 Pfund Sauerkraut
150 g feingehackte Zwiebel   200 g ungekochter Reis
300 g Schweinefleisch in   ¼ l saurer Rahm
Würfeln   1 Eßlöffel Rosenpaprika
400 g Schwarzgeräuchertes in   ½ Teelöffel Salz
Würfeln   ½ Teelöffel weißer Pfeffer
½ Pfund scharfgewürzte
Wurst

◁ *Allgäuer Brezensuppe und Schwäbische »Lumpen-*   129
supp«, Rezepte Seite 132 f.

In einem Tiegel wird die feingehackte Zwiebel in Schweineschmalz hellgelb angeröstet. Dann gibt man das in Würfel geschnittene Schweinefleisch und das Geräucherte hinzu und läßt es anbraten. Das eigentliche Gericht wird aber in einem zweiten Topf fertiggestellt. Da hinein kommt als unterste Lage frisches Sauerkraut mit etwas Wasser, damit es nicht anbrennt. Dann folgt eine Lage Reis. Es geht weiter mit angebratenem Fleisch aus dem ersten Topf. Dann folgt wieder Sauerkraut und darauf gibt man in Scheiben geschnittene Wurst. So geht das Ganze weiter, bis alle Zutaten verbraucht sind. Die oberste Lage muß aus Kraut bestehen, die man mit der flachen Hand etwas festdrückt. Darüber gießt man ein Gemisch aus Rahm, Paprika, Salz und weißem Pfeffer. Nun wird der Topf mit dem Deckel gut verschlossen und das Ganze im Rohr bei mäßiger Hitze zwei Stunden gegart.

Schweinsherz-Ragout

2 Schweinsherzen	*1 Prise Salz, Pfeffer, Zucker*
1 l Wasser	*1 Gewürzgurke*
Suppengrün	*1 Teelöffel Zitronensaft*
40 g Butter	*1 Teelöffel Tomatenmark*
1 Zwiebel	*ca. 50 g Schwammerl*
40–50 g Mehl	*4 Eßlöffel saurer Rahm*

Die Schweinsherzen werden in sprudelndem Wasser zugesetzt und eine Stunde gekocht. Dann schneidet man sie in Scheiben oder Würfel. Anschließend läßt man in einem zweiten Tiegel eine kleine feingehackte Zwiebel glasig werden, gibt das Mehl hinzu und bereitet daraus eine dunkle Einbrenne. Sie wird vom Sud der gekochten Herzen abgelöscht. Die Soße schmeckt man mit Salz, Pfeffer und Zucker pikant ab. Jetzt kommen das geschnittene Herzfleisch sowie eine gehackte Gewürzgurke, Zitronensaft und Tomatenmark hinzu. Außerdem gehören noch je nach Jahreszeit frische oder gedörrte Schwammerl an das Gericht. Das Ganze soll nun noch etwa eine Viertelstunde leicht dahinkochen und wird kurz vor dem Servieren mit Rahm verfeinert.

Durcheinander

MAGENEINRICHTER
UND G'SUNDE TRANKL

Die folgenden Rezepte für die Winterzeit und für den Fasching sind alle g'sund – wenn man nicht krank ist.

Punſch Torte

Altes Rottaler Hausrezept

Man nimmt ½ Pf. geſtoßenen Zucker, rührt dieſen mit 8 Eierdotter gut ab, darunter 8 Loth (125 g) zerlaſſenen Butter, 12 Loth (200 g) ſchönes Mehl und den Schnee von den 8 Eiern. Aus dieſen Teig werden 2 Theile gemacht, die auf einem umgebogenen Blatt Papier auf einem Blech im Rohre gebacken werden. Das eine Blatt wird nun mit Glace (Zuckerguß) beſtrichen und ſo getroknet, ſodann mit Eingeſottenem gefüllt, mit dem zweiten Blatt bedeckt und dieſes ebenfalls mit Glace beſtrichen und getroknet. Die Glace macht man auf folgende Weiſe. Man rührt 1 Pf. fein geſiebten Zucker (Puderzucker) mit Punſcheſſenz recht gut ab, bis es ſo dick wird, das es über den Teig abläuft. In Ermangelung der Eſſenz nehme man Citronen Saft.

Schwäbische »Lumpensupp«

schmeckt besonders gut fröhlichen Zechern nach einer durchgetanzten Faschingsnacht. Nach dem Motto »Sauer macht lustig« bereitet man einen gut essigscharfen Salat aus Blutpreßsack, weißem und Leberpreßsack. Auch eine Leoni wird mit hineingeschnitten, ebenso kleine Bröckerl Limburger Käse. An Salz, Pfeffer und scharfem Paprika soll man nicht sparen. Öl nur für diejenigen, die zu dieser Stunde schon wieder was »Fettes« vertragen.

Allgäuer Brezensuppe

½ Pfund Rindfleisch	1 Zwiebel
1 l Wasser, Salz	50 g Butter
2–3 Markknochen	4 Brezen
Suppengewürz	40 g Käse

Diese Suppe ist eine Wohltat für einen verkorksten Faschingsmagen. Wem's pressiert, der möge zwar einen Suppenwürfel auflösen und Brezen einbrocken; wer aber auf ein sättigendes und dennoch leichtes Gericht warten kann, dem sei empfohlen: Das Fleisch wird mit den Knochen, Salz und dem üblichen Suppengewürz kalt zugesetzt. Sobald sich das Fleisch gut schneiden läßt, wird es herausgenommen und kleingewürfelt. Die Suppe passiert man durch, das Fleisch kommt wieder hinzu und kann weiterkochen. Dann röstet man die in Scheiben geschnittenen Brezen in heißer Butter und kleingehackten Zwiebeln ab. Angerichtet wird so: Man gießt die Suppe mit den Fleischwürfeln in die Teller, gibt die aufgeschmalzenen Brezen darüber, streut eine kleine Handvoll geriebenen Käse dazu oder reibt ihn frisch darüber, und schon ist dieser herrliche Mageneinrichter fertig. Geschnittener Schnittlauch darauf oder Petersil erfreut zusätzlich noch das Auge. Wetten: Sobald man den Löffel abgeschleckt hat, denkt man schon wieder ans nächste Faschingsvergnügen?!

Warmes Bier

tut denen besonders gut, die das ganze Jahr über erkältet sind.

½ l Bier	2 Eidotter
100 g Zucker	⅛ l Milch
1 Stückchen Zimtrinde	1 Stamperl Rum
etwas Zitronenschale	

Das Bier wird mit Zucker, Zimt und Zitronenschale aufgekocht. Die Eidotter verquirlt man in der Milch und gießt dies nach und nach in das heiße Bier. Vor dem Einfüllen in die Gläser kippt man noch ein Stamperl Rum in das Gebräu.

Weiße Suppen

2 l Wasser	1 Prise Salz
100 g Mehl	Dickmilch
¼ l Saurer Rahm	

Diese ungemein durststillende Suppe kann auch kalt getrunken werden. Zuerst verrührt man das Mehl mit dem Schneebesen in einer Tasse Wasser zu einem Teiglein. Das übrige Wasser bringt man zum Kochen, schüttet den Inhalt der Tasse dazu und läßt das Ganze unter ständigem Rühren drei Minuten weiterkochen. Man schmeckt mit Salz ab und mischt zuletzt den Sauerrahm (auch gestöckelte Milch = Dickmilch) darunter.

Reichenhaller Weinkracher

2 Eßlöffel Schmalz
2 Eier
2 gehäufte Eßlöffel Mehl
Zitronenschale

2 Eßlöffel Zucker
2–3 Eßlöffel Mandelstifte
Backwachs oder anderes Fett

Das Schmalz, der Zucker und die Eier werden mit der geriebenen Zitronenschale gut gerührt. Man gibt das Mehl darunter und streicht den zarten Teig auf ein gewachstes Blech. Dann streut man die feinen Mandelstifte darüber und bäckt den Teig im heißen Rohr kurz durch; man muß ihn aber beobachten, denn er wird leicht zu dunkel. Noch warm, schneidet man Stücke davon; sie schmecken zu Wein oder Punsch sehr gut.

Punſch

Hausrezept von 1846

Zu 3 Maß Punſch werden verwendet: 6 ſchöne friſche Zitronen, 1 Pf. u. 20 Loth Zucker, 1 Peutile guten Arrak, 3 Maß Waſſer, welches ganz friſch vom Brunnen genommen werden muß. Man ſchält die Zitrone bis auf das Mark, ſchneidet ſie in dünne Scheiben, die Kerne heraus. Das Waſſer muß in einer meßingen Pfanne auf friſchen Feuer geſotten werden. Zuerſt kommt der Zucker, und wenn ſtarker Sud eintritt, auch die Citrone, wo es dann ohne aufzuhören 12 Minuten wallend ſieden muß. Dann ſeiht man es durch eine Servet. Zu bemerken iſt: Eine oder 2 Pomeranzen wie die Citrone zubereitet, beyzugeben, macht guten Effekt.

EIN PAAR JUX-REZEPTE

Kinder-Bier

1 l schwarzer Kaffee
10 Blatt Gelatine
3 Eiweiß oder ½ l Schlagrahm
50 g Zucker

Kalten, gesüßten Kaffee (auch Malzkaffee) versetzt man mit
der aufgelösten Gelatine und verteilt ihn in Biergläser. Nach
dem Erstarren bereitet man den »Schaum« aus gesüßtem
Ei-Schnee oder aus Schlagrahm. Für Gäste, die lieber ein
»Helles« haben möchten, verwendet man als Grundsubstanz
gelblichen Fruchtsaft (Orange, Zitrone).

Süßer »Emmentaler«

Man bereitet ihn aus Marzipan. Am besten läßt man sich
gleich vom Konditor Stücke der gewünschten Größe und
Dicke herschneiden. Zu Hause braucht man nur noch Löcher
in die Scheiben zu stechen. In das Salz- und Pfefferbüchsl
kommen diesmal Zucker und Zimt.

Falsche Spiegeleier

sehen den echten täuschend ähnlich. Man kocht aus Stärkemehl und Wasser (eventuell Milch) ein Kindsmus und streicht
es noch heiß in kalte Teller. Nachdem die Masse fest geworden ist, kommen über dieses »Eiweiß« die falschen Dotter in
Form von großen halbierten Aprikosen. Darüber streut man
feingehackte Pistazien als »Grünzeug«.

Hochzeitsmahl des Herrn Gabriel Maier Posthalter in Altötting (1850)

1.
Beschamell Knödl mit Bratwürst

2.
Spannferkl mit Senf
und verschiedenen Eingesottenen

3.
Gansjung mit Pastethen

4.
Gedünstetes Rehwildpret
mit 2 erlei Sauce und Markerone

5.
Filet Braten mit Melonen und Sardellensauce

6.
Schweinfleisch gesotten mit Blaukraut, Brandnuß

7.
Entenbraten mit Entivien und Aprikosen

8.
Gebackenes Huhn mit Karfiol und gesulzte Apfel

9.

Beschamelpudding mit Schoddo

10.

Gesulzte Forellen

11.

Kapaun ¼ mit Sellerie
und eingesottene Kirschen

12.

Gans ¼ mit gemischten Salat,
eingesottenen Zwetschgen

13.

Schinken mit Aspik

14.

Brod- und Schaumtorten

15.

Wein und Weichselsulz
mit Haselnuß und Waffel

16.

Punsch-Crem mit spanischen Weiden

17.

Konfekt und Obst
Punsch, Kaffee mit Vanillaiberl und Zwieback

Speisezetel.

Dieser „Speisezetel" lag für die
nicht am Hochzeitsmahl teilnehmenden Gäste
im „Gasthof zur Post" in Altötting auf

Braune Suppe mit Leberspatzerl

Bratwürst

Spanferkel mit Senft

Buding mit Schotto

Rindfleisch mit Kohlrabi gefaltet mit Schedlbirn

Semmelnudel mit Erdbeer und Wein

Pasteten mit Hendl in der Weinsoß

Gebratene Hendl mit Endifiesalat

Zwetschgen Kompot

Wein Boxbeutel

Linzertorten

Gebratene Enten

Weichsel in Zucker und Essig

Hufeisen

Wildenten mit schwarzer Weinsoß

Mandelbögen

Schwarzes Wildbred mit schwarzer Soß

Gedünstete Markaroni mit Krebsbutter

Wein schwarze Brodtorte

Rehschlegel mit Kapernsoß

Zuckerschnepfen

Kapaun mit Bomeranschensalat

Hasen mit Ramsoß

Holler-Hippen

Bibstücke

Gefüllte Weichsel in Wein

gesotten und in Gewürz

Lemoni Sulz

Zuckerstrauben

Geselchten Schinken

Schnepfen mit Dreck

Mandelbögen

Forellen blau gesotten

Mandeltorte

Krebsen

Weinkonfekt

Punsch

Kaffee

Schokoladekrem

Die alte Küchensprach

In diesem Buch sind Originalrezepte aus den Jahren von 1840 bis 1864 abgedruckt. Dazu eine Erklärung der damals gängigen Ausdrücke:

1 Loth = 16²/₃ Gramm
1 Vierling = ¼ Liter, aber als Gewichtsmaß nur ¼ Pfund
1 Maß = 1 Liter
1 Weitling = 1 Liter
1 Quart = ¼ Liter

Beschamehl = Eierschaum
Dunst = Wasserbad
Dampfel = Hefeansatz
Hepfen = Hefe
Raum = Rahm
Rammeln = Kruste
Schmankerl = süße Kruste
Rahmschnee = Schlagrahm

Und für Nichtbayern

Kren = Meerrettich
petschieren = mit Wachs verschließen
Spagat = Bindfaden, Zwirn
Topfen = Quark
Zucker läutern = Zucker erhitzen

REGISTER

142